A Study on the Validity of
Shareholders' Meeting Resolutions

股东大会决议效力问题研究

兼析公司治理与国家治理的逻辑关系

王仁富　著

ZHEJIANG UNIVERSITY PRESS
浙江大学出版社
·杭州·

图书在版编目(CIP)数据

股东大会决议效力问题研究：兼析公司治理与国家治理的逻辑关系/王仁富著. — 杭州：浙江大学出版社，2024.5

ISBN 978-7-308-24940-9

Ⅰ.①股… Ⅱ.①王… Ⅲ.①股份有限公司－董事会－决议－研究－中国 Ⅳ.①D922.291.914

中国国家版本馆 CIP 数据核字(2024)第 091688 号

股东大会决议效力问题研究：兼析公司治理与国家治理的逻辑关系

王仁富　著

责任编辑	蔡圆圆
责任校对	许艺涛
封面设计	续设计
出版发行	浙江大学出版社
	（杭州市天目山路 148 号　邮政编码 310007）
	（网址：http://www.zjupress.com）
排　　版	杭州星云光电图文制作有限公司
印　　刷	广东虎彩云印刷有限公司绍兴分公司
开　　本	710mm×1000mm　1/16
印　　张	11
字　　数	163 千
版 印 次	2024 年 5 月第 1 版　2024 年 5 月第 1 次印刷
书　　号	ISBN 978-7-308-24940-9
定　　价	68.00 元

前　言

作为股份公司决策机构，股东大会在作出决议后，其法律效力如何判断以及瑕疵决议如何救济等问题在理论界尚未引起应有关注，我国公司运行实践以及法院裁判中提炼出的相关理论成果也并不多见，因此，研究股东大会决议效力问题实属必要。①

本书主体部分共分六章。第一章是股东大会决议的性质及要件，在对决议行为的法律性质问题进行分析的基础上，指出了股东大会决议是一种团体法律行为，其成立的独特性是以会议的召开为前提，以符合资本多数决要求为决议成立的核心要件。第二章是股东大会决议效力的影响因素，通过对股东大会决议形成过程的分析，论证了决议生效的起算时间以及影响决议效力的两大因素——会议程序和决议内容。第三章是股东大会决议效力的范围分析，从法理上就股东大会决议对公司、股东、董事会、经理等所产生的约束力及其范围进行阐释。第四章是股东大会决议效力瑕疵的事由及其认定，在对股东大会决议进行类型化分析的基础上，分别就决议效力瑕疵的事由及标准进行设计。第五章是股东大会决议效力瑕疵的救济机制，阐释了私力救济和公力救济构成决议效力瑕疵的救济机制，并论证了前者优于后者。第六章是我国股东大会决议效力制度的探讨，借鉴域外相关立法和实践，立足本土资源，反思和完善我国股东大会决议效力瑕疵救济方面的规定。

本书结语部分阐述了股东大会决议、公司治理与国家治理现代化三

---

① 2024年7月1日施行的《中华人民共和国公司法》(简称《公司法》)将公司权力机构的称谓统一为"股东会"，不再区分"股东会"与"股东大会"。本书中的"股东大会"和"股东大会决议"分别对应于新《公司法》中的股份有限公司股东会和股份有限公司股东会决议。

者间的逻辑关系，分析了股东大会决议对公司治理的影响以及公司治理在推进国家治理现代化中的功能与价值。

综上所述，本书围绕股东大会决议的效力问题，采用规范分析与实证分析相结合的研究方法，遵循本体论、价值论、控制论的逻辑思路，分别就股东大会决议的法律性质、股东大会决议效力的影响因素及范围、股东大会决议效力瑕疵的判定标准以及股东大会决议效力瑕疵的救济机制等一系列问题展开研究；分析指出股东大会决议是一种团体法律行为，决议对股东、董事、监事以及公司本身均具有约束力；阐释会议程序和决议内容均可造成决议效力上的瑕疵，要有效纠正决议效力瑕疵，必须建立一个完善的救济体系。此外，通过对股东大会决议形成蕴含的民主理念的剖析，论述了股东大会决议对公司治理的影响，进而引发对公司治理推进国家治理方面的理论思考。

目　录

导　论

一、研究现状及趋势

目前,学界关于股东大会决议方面的研究成果较为丰富,如国内学者钱玉林和李建伟分别在其专著《股东大会决议瑕疵研究》和《公司诉讼问题研究》中对股东大会决议程序、内容以及瑕疵救济从理论、立法和司法层面上进行了较深入的研究;罗培新在其论著《公司法的法律经济学研究》中对公司表决权规则进行了法律经济学分析;王保树、崔勤之、刘俊海、施天涛和周友苏在各自的专著中均涉及对股东大会召集程序、决议瑕疵及其救济等方面的分析。美国学者罗伯特・W.汉密尔顿在其论著《公司法》一书中就股东表决权代理行使和表决权信托作了阐释;加拿大学者布莱恩・R.柴芬斯和美国学者弗兰克・伊斯特布鲁克、丹尼尔・费希尔在各自的专著《公司法:理论、结构和运行》和《公司法的经济学结构》中分别运用经济分析方法对公司法理论、结构和运行进行了研究;美国学者路易斯・D.所罗门和阿兰・R.帕尔米特在其论著《公司法》中对股东大会的运行机制进行了详细的阐述。

总之,学界对股东大会决议问题关注较多,有诸多讨论股东大会决议无效、可撤销或不成立的论著,但对股东大会决议效力本身问题的研究并不多见,尤其是针对其中所蕴含的民主理念在完善公司治理和推进国家治理现代化进程中的功能与价值方面的研究更为罕见。事实上,股东大会作为由全体股东组成的公司权力机构,依法享有对公司重大事项的决策权。股东大会在对公司重大事项进行决策时,基于其会议机构之性质,只能采取会议决议的方式进行,即由股东在股东大会会议上对需要决策的事项进行讨论、表决,形成会议决议。股东大会决议形成后,其法律效力以及相关人员拒绝执行决议时的救济机制等问题，以及如何把握股东大会决议、公司治理与国家治理的内在逻辑关联性问题，在理论界并未引起应有的重视，却有进一步研究之必要。另外，从我国公司运行实践、法院裁判中提炼出理论问题的相关研究成果也不多见，亟须填补这一空白。

二、研究目的和意义

股东大会作为公司的最高意愿决定机构，其所作出的股东大会决议就会对公司、股东、董事会、经理等产生约束力。本书通过借鉴国外立法和实践经验，结合我国实际，研究股东大会决议效力瑕疵救济在公司法上的制度安排，无疑具有重要的学术价值和应用前景。在学术上，力图阐明股东大会会议程序的民主性和决议内容的公正性，以及决议形成后的效力范围，从侧面对现代公司法的价值取向进行反思，进而引发对现代公司治理和国家治理现代化关联性的深入思考。在实践上，有助于完善我国公司立法对股东大会决议的相关制度安排，为解决公司实务中涉及股东大会决议效力问题提供依据，进而为进一步完善公司治理和创新社会治理提供决策参考。

三、研究的基本内容

（一）第一章：股东大会决议的性质及要件

在对决议行为的法律性质问题进行分析的基础上，本章阐述了股东大会决议的法律属性及其构成要件，并指出其成立的核心要件。就决议行为的法律性质而言，学界主要存在共同行为说、特殊法律行为说、非法律行为说以及单方行为说等诸多观点，但具体到股东大会决议的法律属性，从法律行为和股东大会决议的内涵来分析，股东大会完全符合法律行为的要义，在公司法理论上应将股东大会决议归入法律行为范畴。这种法律行为由于其意思表示的合意方式、形成过程和效力的特殊性，不同于单方法律行为，也不同于契约行为和共同行为，而是一种与单方法律行为、双方法律行为和多方法律行为并列的团体法律行为（一人公司除外）。就股东大会决议的构成要件而言，股东大会决议作为一种团体法律行为，其成立的独特性首先表现在以会议的召开为前提。在确保股东大会会议召开事实存在的前提下,符合资本多数决要求便成为决议成立最为核心的要素,即股东大会决议能否形成取决于意思表示是否达到资本多数决要求,达到了要求即可形成决议,也就产生了私法效果;否则,决议不能形成,更谈不上私法效果的产生。其中,决议的形成为何要遵循资本多数决原则,以及如何才能达到资本多数决要求,是判定股东大会决议是否成立所要解决的关键问题。此外,股东大会会议召集内容是否与决议事项一致也是判断股东大会决议成立与否的重要依据。

(二)第二章:股东大会决议效力的影响因素

通过对股东大会决议形成过程的分析,本章论述了决议生效的起算时间以及影响决议效力的两大因素——会议程序和决议内容。就决议生效的时间而言,分析指出了股东大会决议自决议作出之时就具有法律上的拘束力。就程序因素而言,基于股东大会决议的团体性特征,其形成过程更需要创设严格的程序要求。正是从这个意义上说,股东大会决议效力问题主要是一种程序性问题。会议的召集程序与表决方式是影响决议效力的关键程序性因素(而具有较强人合性的有限公司对于一致同意的事项可不经召集程序,由全体签字同意即可)。其中,股东大会会议的召集程序主要涉及召集权人的范围和顺序以及召集通知时间、地点、对象、内容等问题。表决方式涉及股东出席股东大会并行使表决权的方式(包括非投票表决与投票表决)、股东不参加股东大会而行使表决权的方式(包括表决权代理、表决权信托与通信表决)以及表决权行使的统一性等方面。对于程序因素关涉的主要问题有:会议出席数是否应由法律作出限定以及出席数对决议效力的影响;在采取出席数法定或章定的立法模式下,出席股东所代表的股份数不足法定或章定的最低要求时,对决议效力是否会产生影响;在表决权数法定的立法模式下,章定的最低表决权数能否提高或降低法定的最低表决权数要求,并是否会对决议效力产生影响;以及无表决权股东参与表决,是否必然影响决议的效力等。

就实体因素而言,在股东大会决议形成过程所涉及的三项意思表示(股东大会提案、股东对提案内容的表决投票、对股东行使表决权数的统计)中,股东投票和对股东投票结果进行统计均为量化的意思表示,没有实质性的内容,只有股东大会提案才有实质性的内容。影响决议效力的实体性因素即决议内容是否违法、是否违章以及是否显失公正。其中,决议内容是否违法主要取决于决议内容是否违反法律的强制性规定,至于违反公司法基本原则(如股东平等原则、股东有限责任原则)作出的股东大会决议是否属于内容违法的决议,其效力如何,应视情况而定;决议内容是否违章不仅表现在决议内容是否符合公司章程的规定,还表现在其内容是否符合法律的强制性规定,若决议内容仅违反章程规定应认定决议可撤销,若决议内容既违反章程规定又违反法律的效力性实体强制规范,自然属于决议无效之列;决议内容显失公正主要表现为滥用多数决和利用不正当手段形成的决议,其中,资本多数决的滥用在股东大会决议的形成过程中更为常见。

(三)第三章:股东大会决议效力的范围分析

本章从法理上就股东大会决议所产生的内部效力和外部效力以及效力范围进行分析。就内部效力而言,董事会作为公司的执行机构,具有负责执行股东大会决议的义务,有时甚至会对董事会成员的利益产生直接影响,因此,股东大会决议应当对董事会及其董事成员产生法律约束力;监事会作为公司经营活动的监督机构,代表股东的利益,自然要受到体现多数股东意思的股东大会决议的约束,因此,股东大会决议应当对监事会及其监事成员产生法律约束力;公司经理等高管人员的人选由董事会决定,股东大会决议对董事会具有法律约束力,也就当然对由董事会任免的公司经理等高管人员具有法律约束力;股东大会决议对公司本身产生法律约束力,因为股东大会决议是由股东意思转化而来的公司意思。就外部效力而言,鉴于公司与股东在财产和人格方面相互独立的逻辑构造,一旦决议形成,其内容在涉及公司事务的同时必然或直接或间接与股东有涉,从而体现出股东大会决议在效力上的涉他性,因此,股东大会决议对股东产生法律约束力;对于股东大会决议是否对第三人具有法律约束力,应视情形而定。

(四)第四章:股东大会决议效力瑕疵的事由及其认定

本章在对股东大会决议瑕疵进行类型化分析的基础上,分别就决议效力瑕疵的事由及标准进行设计。就股东大会决议瑕疵类型而言,股东大会决议作为公司的意思表示,其本质是通过会议形式由多数派股东所作的意思决定,因此,股东大会决议只有程序和内容均合法、公正才能发生效力,如果决议程序或内容有瑕疵,就不能认为是正当的团体意思,应对其效力作否定性评价。依据瑕疵性质及程度不同,股东大会决议瑕疵类型主要有"三分法"和"二分法"之别。"三分法"是将决议分为决议不存在、决议无效与决议可撤销;而"二分法"是将决议分为决议无效与决议可撤销。"二分法"仅针对已成立的决议,"三分法"则将决议不存在作为决议瑕疵的一种。就股东大会决议效力瑕疵事由而言,股东大会决议不存在是因为决议程序存在严重瑕疵,使得决议无法达到会议或决议的成立要件;决议可撤销是因为决议已成立,只是决议程序或内容存在轻微瑕疵,影响了决议的公正性或正当性;决议无效是因为决议内容违反效力性实体强制规范。

(五)第五章:股东大会决议效力瑕疵的救济机制

本章阐释了私力救济和公力救济构成了决议效力瑕疵的救济机制,并论证了前者优于后者。私力救济是指当事人通过自己的积极行为(如撤回与追认等)消除决议瑕疵的一种救济手段,旨在维护公司交易的稳定性、提高公司经营效率和保护公司相关当事人的权益。公力救济是指通过法院裁判的方式对瑕疵决议予以救济。公力救济又分为非讼救济和诉讼救济。其中,非讼救济是指利害关系人在没有权益争议的情况下,请求法院确认决议的瑕疵是否存在,从而使一定的公司法律关系得以发生、变更或消灭。股东大会瑕疵决议纷争中的召集权纠纷具有适用非讼救济的必要性和可行性。诉讼救济就是通过提起诉讼对瑕疵决议予以救济,包括无效之诉、撤销之诉以及不存在之诉。这些诉讼类型均具有独立的制度价值,在性质上均为确认之诉。为实现诉讼救济中司法权对公司自治的适度合理干预,需要遵循公司内部救济优先原则、实行合法性审查原则、维护公司行为的安定性原则以及不得适用和解和调解程序。在诉讼构造上,决议瑕疵诉讼原告应包括但不限于股东、董事与监事;公司应作为决议瑕疵之诉的被告;股东、董事、监事公司外的第三人均有可能对瑕疵决议的判决存有利害关系,均可作为无独立请求权的第三人参加决议瑕疵之讼。本书还对决议瑕疵诉讼的起诉期间、判决效力、裁量驳回制度以及诉讼担保、诉讼管辖等程序问题进行了分析。

（六）第六章：我国股东大会决议效力制度的探讨

本章通过借鉴一些国家和地区的相关立法和实践，立足本土资源，检讨和完善我国股东大会决议效力方面的规定。就制度现状而言，现行《公司法》①及《最高人民法院关于适用〈中华人民共和国公司法〉若干问题的规定（四）》（简称《公司法司法解释四》）基本确立了我国股东大会决议效力瑕疵救济制度的框架。但从比较法角度以及我国公司实践需求看，在具体规定上尚存在欠妥甚至缺漏之处。主要表现在：一是决议形成中的程序正义体现不足，尤其对于对决议作出有重要影响的股东程序性权利（如股东大会召集权、主持权、提案权、质询权等）的规定并不充分；二是决议效力瑕疵救济制度不够完善。尽管现行有关决议瑕疵救济方面的规定，在一定程度上明确了决议瑕疵的认定、效力、权利人、起诉期间以及诉的性质和类型等，尤其是对决议可撤销之诉的规定更为详细，但仍有些具体规定有待改进，如决议效力瑕疵事由的认定标准不完备、缺乏决议效力瑕疵的私力救济措施、缺乏决议效力瑕疵的非讼救济路径以及决议效力瑕疵的诉讼救济机制不够完善等。就制度完善而言，一是要完善股东参与决议的程序性权利规则。主要涵盖表决权、召集权、主持权、提案权、出席权与质询权等程序性权利的行使规则的完善。二是完善决议效力瑕疵的救济制度。主要措施包括完善决议效力瑕疵事由的认定标准、建立决议瑕疵的私力救济制度、增设决议效力瑕疵的非讼救济措施、完善决议效力瑕疵的诉讼救济机制。三是发挥公司法领域中的司法能动性。

除了以上六章，本书结语部分阐述了股东大会决议、公司治理与国家治理现代化三大范畴的逻辑关系，分析了股东大会决议对公司治理的影响以及公司治理在推进国家治理现代化中的功能与价值。就股东大会决议对公司治理的影响而言，首先分析了股东民主是股东大会决议的制度基础，其主要体现在股东大会决议的形成要遵循"程序严谨、内容合法"的

---

① 相对于2024年7月1日施行的新《公司法》，本书所称的我国现行《公司法》是指2018年修正的《中华人民共和国公司法》。

法定要求。然后,指出了股东可以通过在股东大会上行使表决权、提议权、质询权等对公司经营事务施加影响。其中,表决权是股东参与公司治理最重要的一项权利,也是股东参与公司决策、监督管理人员的重要手段,是公司民主机制发挥作用的载体。最后,论述了公司治理中股东大会决议与股东权利的关系,指出了股东大会决议可以一般地决定股东权利的存在、行使条件与程序,对公司法的抽象规定加以限制,也可以具体地决定股东能否实际享有已经存在的某些权利以及享有的程度,但股东大会决议也要受到股东权利的限制。就公司治理在推进国家治理现代化的功能与价值而言,分析了公司治理与国家治理具有内在的关联性,主要体现为治理体系的情境性与时代性、治理领域的整体性与全面性、治理方式的系统性与协调性;指出了公司治理在国家治理中发挥了分权功能、监督功能、协调功能、制衡功能和发展功能;论证了公司治理具有夯实国家治理基础、培育基层治理主体、丰富基层治理形式、拓宽基层治理空间、规范基层治理秩序的政治价值。

四、研究的创新之处

一是运用法解释学分别就股东大会决议对股东、董事、监事、第三人以及公司本身是否具有约束力以及效力范围进行分析。

二是通过对股东大会决议效力范围的分析,运用标准策略对股东大会决议与董事会决议的冲突进行处理。

三是在对瑕疵决议的救济制度进行分析的过程中,论证了私力救济优于公力救济。四是通过对决议形成中所蕴含的民主性的分析,论证了股东大会决议在完善公司治理和创新社会治理过程中的功能与价值。

五、研究的难点及关键问题

(一)研究拟突破的难点

一是民法相关理论对股东大会决议方面的判断存在适用上的困境。如民法上的契约行为理论对股东大会决议性质的判断以及意思表示瑕疵理论对股东大会决议效力瑕疵的判断等。

二是从公司纠纷的实践中也难以提炼出具有典型意义的指导性案例判决可供参考。

三是股东大会决议是一个复杂的理论和实践问题,涉及领域广泛,这也为该课题的研究增添了难度。

(二)研究的关键问题

一是股东大会的召开如何贯穿股东权益保护原则和股权平等原则;二是股东大会决议与公司章程、董事会决议的冲突与协调问题;三是股东大会效力瑕疵的认定标准及救济机制;四是如何完善我国公司法律制度中有关股东大会决议效力瑕疵救济方面的规定。

六、研究的思路与方法

(一)研究思路

本着理论联系实际的思路,在既有研究成果的基础上,本书对如何判定与矫正股东大会效力瑕疵这一问题进行探索和分析,并提出如下命题:股东大会决议是一种团体法律行为,会议程序和决议内容均可造成决议效力上的瑕疵,要有效矫正决议效力瑕疵,必须建立一个完善的救济体系。对该命题的论证,本书是按照本体论、价值论、控制论的逻辑结构展开的。其中本体论解决"股东大会决议效力影响因素及范围是什么"的问题;价值论解决"如何判定股东大会决议效力瑕疵"的问题;控制论解决"如何矫正股东大会决议效力瑕疵"的问题。

(二)研究方法

一是通过对不同国家和地区股东大会决议制度的比较考察,采用现代公司法"所有权与经营权相分离"原则对公司权力结构进行调整,厘清了公司机构权限的界限;并对股东大会决议效力瑕疵的认定标准进行了合理的设置。

二是运用法经济学理论分析了公司权利优化配置应遵循市场导向、尽可能避免公权力强行介入的观点,论证了决议瑕疵的私力救济应优先于公力救济。

三是从规范角度阐释了股东大会决议的形成过程中程序正义和实质正义之间的关系;从实证角度对我国有关股东大会决议效力瑕疵救济方面的规定进行了检讨,并提出了进一步完善的措施。

第一章　股东大会决议的性质及要件

分析与界定决议行为的法律属性,并非单纯是为了追求法律中行为体系逻辑上的完整性,而是为了探寻决议行为背后所蕴含的法理依据,进而为有效规制决议行为提供更加规范的指导。同理,确定股东大会决议的法律性质是分析决议效力及法律适用问题的理论关键,有助于挖掘决议效力相关问题背后的法理逻辑。要讨论股东大会决议的效力,首先必须明确股东大会决议的法律性质。

一、决议行为的法律性质

至于决议行为的法律性质,学界仍众说纷纭,归纳起来,大致有以下几种观点:一是共同行为说。该学说认为,决议行为在性质上当属法律行为项下的共同行为。如学者王泽鉴指出,社团决议是出席会议的一定人数的表决权人所为的意思表示趋于一致的共同行为。它属于一种集体意思的形成行为,即使社团个别成员存在相反的意思表示,只要其同意的人数符合法律的规定,决议即可成立,与契约须全体当事人意思合致并不相同。[①] 学者王利明认为,同向的意思表示的一致性特征使得决议行为应被归属于法律行为中的共同行为。[②] 二是特殊法律行为说。该学说认为,决议行为不能完全被共同行为所包括,从其意思表示形成过程和效力之特殊性来看,不属于传统法律行为即单方行为、契约和合同行为中的任何一种。[③] 有学者认为决议行为是有别于共同行为的特殊法律行为,主

---

① 王泽鉴:《民法总则》,中国政法大学出版社,2001,第185页。
② 王利明:《民法总则研究》,中国人民大学出版社,2012,第530页。
③ [韩]李哲松:《韩国公司法》,吴日焕译,中国政法大学出版社,2000,第383页。

要原因在于：(1)共同行为强调意思表示的一致性，而决议行为允许存在不一致的意见；(2)共同行为强调意思表示自治，仅对表示同意的行为人具有约束力，而决议行为也对表示反对和弃权的行为人具有约束力；(3)共同行为关注行为人意思表示的一致性以及合意内容，而决议行为不仅关注行为人意思表示的真实性，还关注决议形成程序的合法性。三是非法律行为说。该学说认为，决议仅仅是在团体内部形成了对外一致的团体意思而已，只是创造了团体代表人对外表示团体意思的基础，能否真正与第三人建立法律关系不取决于此。由此认为决议过程事实上就是团体意识的形成过程，但不是法律行为。原因在于：法律行为的核心是意思自治，法律行为的形成要求行为人达成合意；而决议的形成无须遵循所有参与人的意思表示一致，只要遵循了多数人规则和程序正当的要求，决议即可有效成立。决议行为制度仅为一种意思冲突的协调规则。① 四是单方法律行为说。尽管共同行为说与特殊行为说对于决议行为的性质认定有所不同，但将决议行为归属于多方法律行为的认知是相同的，这主要就参与决议行为的主体数量而言。但也有学者认为，多方法律行为的各方当事人的意思表示不失其独立性；决议的团体性集合了各当事人的意思表示失其独立性，决议即代表了单一团体的意思。故而认为决议行为是团体单方法律行为，而非多方法律行为。上述各种学说从不同视角分析了决议行为的法律性质，固然有其自身的合理性，但也存在值得商榷之处。

二、股东大会决议的法律属性

股东大会决议是股东大会就提请会议审议的事项依法定程序表决形成的决议，是股东大会意思表示的唯一法定形式。有学者认为，决议最重要的特点应在于其民主性与程序性。② 就股东大会决议而言，一方面，股东大会决议是基于团体意思而形成，民主原则是团体决议首先要遵循的一项原则。团体决议与团体成员的利益紧密相关，成员个体有不同的价值判断与利益需求，少数服从多数的民主理念有利于形成符合多数成员

---

① 陈醇：《意思形成与意思表示的区别：决议的独立性初探》，《比较法研究》2008年第6期。
② 张雪峰：《股东大会决议效力研究》，法律出版社，2018，第39页。

意思的方案——团体决议,实现效率的最优化。另一方面,股东大会决议程序的规范化有助于化解股东之间的混乱、怨恨与争议。少数股东的怨恨持续时间越长,给公司、控制股东、资本市场带来的损失就越大。决议的通知程序、召集程序、表决程序和生效程序均为决议形成的法定程序,这些程序是否合法将影响决议效力的评价。决议的程序正义是股东权利的重要保障,也是实现公司民主和股东利益最大化的有力保证。尽管现代公司治理模式已由"股东大会中心主义"转向"董事会或经理人中心主义",但作为公司最高权力机构的股东大会在公司治理中仍然具有十分重要的价值,股东大会在对公司重大事项形成决议时所遵循的多数决规则,就是为了保护中小股东利益,最终实现公司民主。

就股东大会决议而言,在法律性质上应属于法律行为,理由在于:一是股东大会决议是公司法人的行为,旨在规范公司组织内部法律关系,属于私法域空间。而法律行为理论适用的背景和前提就是私法自治的领域。二是股东大会决议虽然在形式上表现为公司的意思表示,但实质上却是股东意思表示的一种转化物,是以股东的意思表示为基础并通过多数决原则而形成的公司的意思表示。而意思表示乃法律行为之最根本要素。三是民事主体为意思表示的目的在于希望能够引起一定的法律后果,即能引起民事权利和民事义务的设立、变更或终止。股东参加股东大会,对提请大会审议的事项投票表决形成股东大会决议即公司的意思表示的目的同样在于对相关人员产生法律上的约束力。可见,从法律行为和股东大会决议的内涵来看,股东大会决议完全符合法律行为的要义,在公司法理论上股东大会决议应归入法律行为范畴。

既然股东大会决议被定性为法律行为,那么其应归属于何种法律行为呢?在理论上,民法对法律行为的分类多种多样。其中最基本的分类就是以行为人意思表示的数量为标准。此种分类在理论界也是见仁见智,但通说认为,法律行为依据该标准可以区分为单方法律行为、双方法律行为和多方法律行为。单方法律行为是由当事人一方的意思表示成立的法律行为。双方法律行为是指当事人对立的意思表示统一结合而形成的法律行为,如买卖合同等。多方法律行为,也称共同行为,是指因当事人多个方向相同的意思表示平行一致而形成的法律行为,如合伙协议、公司发起人协议等。双方法律行为和多方法律行为的区别主要在于，双方法律行为中的两项意思表示是对立的，而多方法律行为中的多项意思表示则是平行一致的。

股东大会决议在形式上类似于共同行为，但实际上两者存在本质的差别。因为参与股东大会审议事项表决者的意思表示虽然平行，但无须完全一致。其强调的是少数对多数的服从，个体对团体的服从。为保证股东在出资、决策与风险方面的对称性，实现公司治理的效率与公平的统一，多数决机制对股东大会决议的形成具有正当性与合法性，而不必过于强调全体股东意思表示的一致性。股东大会决议通常是以会议的形式作出的，其形成过程会涉及会议召集、表决权的统计等环节，从而具有其他法律行为的形成所不具有的特殊性。一旦决议以多数决方式作出，那么其不仅约束投赞成票的股东，还对未投赞成票的股东也具有约束力；不仅对公司股东具有约束力，还对作为组织体的公司具有约束力。鉴于股东大会决议是通过多数股东的意思表示而形成法人团体的集体意思，从而认定股东大会决议是团体法律行为。[①] 这种法律行为正是因为其意思表示的合意方式、形成过程和效力的特殊性，既不同于单方法律行为，也不同于契约行为和共同行为。从法律行为的分类体系上来看，股东大会决议理应归属于以意思表示为标准的分类之中，是一种与单方法律行为、双方法律行为和多方法律行为相并列的团体法律行为。但就一人公司而言，由于现行法的理论构架是以复数股东为前提的团体法构架，这与一人公司股东仅为一人的特性无法相容，就会导致一人公司无法适用现行法的困难；但基于一人公司产权的单一性，股东无须通过股东大会就可直接向外界进行意思表达，因此一人公司的股东大会应采取任意机构性质，是否设立由公司自行决定。即便设立股东大会机构，所作出的股东大会决议也是一人股东的意思表示，自然也就谈不上团体法律行为。

三、股东大会决议的成立要件

法律行为的成立要件是认定法律行为是否存在、法律关系是否设立、

---

① 刘渝生：《公司法制之再造——与德国公司法之比较研究》，新学林出版股份有限公司，2005，第252页。

所设立的法律关系是否具有法律约束力的前提。依据民法理论,通说认为,法律行为的一般成立要件包括当事人、意思表示及目的。其中,意思表示是核心要件,正如有学者所言:"法律行为,作为实现私法自治的法的手段,是以意思为其核心。无意思,即无法律行为。"①因为意思表示必须以当事人的表示而存在,且意思表示均以发生某种私法效果为目的。股东大会决议这种团体法律行为虽然具有独特性,但传统法律行为要件理论中的"意思表示说"对其仍可适用。不同点在于,股东大会决议作为一种团体法律行为,其成立的独特性首先表现在以会议的召开为前提,若不存在召开会议的事实,就无法谈及召集程序合法与否,也就谈不上决议的成立问题。② 在确保股东大会会议召开事实存在的前提下,符合资本多数决要求便成为决议成立的最为核心的要素。即决议能否形成取决于意思表示是否达到资本多数决要求,达到了要求即可形成决议,也就产生了私法效果;否则,决议不能形成,更谈不上私法效果的产生。

决议的通过为何要遵循资本多数决原则,以及如何才能达到资本多数决要求,是判定股东大会决议是否成立所要解决的关键问题。之所以要依据资本多数决原则以形成决议,其原因在于:一方面,资本多数决能使股东大会决议反映多数股东的意志,实现公司经营的民主性;另一方面,决议是团体性的意思互动,在有限时间内常常无法达成完全一致的意思表示,实行资本多数决才能体现出公司经营的效率性。至于实行简单多数还是绝对多数的表决机制,取决于所表决事项的重要性及其对利益相关者的影响程度。如果属于重大事项(如修改章程、增资减资、组织形式变更等),则实行绝对多数;否则,即可实行简单多数。当然,实行资本多数决的表决机制,往往是以"一股一权"为前提,这样才能体现股权平等的原则,更符合资本逻辑。但股权平等原则也具有相对性,若完全按照

---

① 梁慧星:《民法总论》(第二版),法律出版社,2001,第157页。

② 也有例外情形,如在少数国家公司立法(如美国《标准公司法》)中规定,在全体股东一致同意的情况下,股东大会的召集程序可以豁免。但在公司实践中仍不能排除确实存在控股股东或董事长等内部控制人伪造股东大会决议的情形,更为严重的是将伪造决议已交付实施并产生相应的法律后果。对此,是否允许利害关系人提起决议不成立之诉,意义重大。

"一股一权"原则行使表决权,有可能导致大股东操纵股东大会,压制小股东,使小股东的权利形同虚设。为保证股东大会中股东之间的利益平衡,一些国家在坚持资本多数决和股权平等原则的同时,对股东表决权的行使给予一定的限制或扩张,如折扣表决权、类别表决权与累计投票权的设置等,从根本上打破了经济利益与投票权等比例的公司结构与激励基础,契合了公司融资多样化和投资偏好差异化的现实需求。① 这些表决(投票)权的设置和行使,一方面,对公司治理提出更高的要求,因为不同类型投资者对公司管理层的约束机制和影响力不同,这就为处理不同类型投资者之间的利益冲突带来难度;另一方面,对公司治理的权利配置会产生较深的影响,因为公司资本结构的多元化以及投资者投资回报的差异化,会要求形成与资本结构相适应的产权关系与利益格局。至于这些表决权如何行使,需要结合本土实际来设置相关程序性规则,以回应公司实务中的现实需求。比如实践中,为增强对董事的监督力度,保障不同类型投资者的权益,股东大会对有些事项作出特别决议时,除须经出席会议的普通股股东所持表决权的绝对多数通过之外,还须经出席会议的优先股股东所持表决权的绝对多数通过。对此,我国现行相关制度进行了明确规定②,至于如何达到资本多数决要求,是需要深入探究的问题。理论上说,资本多数决理应是以公司全体表决权为基数的多数,这样才能充分体现出公司的民主经营。事实上,世界上许多国家和地区(如中、日、韩等)的公司法均将资本多数决规定为以出席大会股东的表决权为基数的多数决。究其

---

① 2024年7月1日施行的新《公司法》第一百四十六条和一百一十六条规定:发行类别股的公司,有可能影响类别股股东权利的事项(如修改公司章程、增加或者减少注册资本的决议,以及公司合并、分立、解散或者变更公司形式),除应当经出席会议的股东所持表决权的三分之二以上通过股东会决议外,还应当经出席类别股股东会议的股东所持表决权的三分之二以上通过。此即股份公司类别股东的双重表决制度。

② 参见《上市公司章程指引》(2022年修订)第七十八条注释:股东大会就以下事项作出特别决议,除须经出席会议的普通股股东(含表决权恢复的优先股股东,包括股东代理人)所持表决权的三分之二以上通过之外,还须经出席会议的优先股股东(不含表决权恢复的优先股股东,包括股东代理人)所持表决权的三分之二以上通过:(1)修改公司章程中与优先股相关的内容;(2)一次或累计减少公司注册资本超过百分之十;(3)公司合并、分立、解散或变更公司形式;(4)发行优先股;(5)公司章程规定的其他情形。第七十九条注释:若公司有发行在外的其他股份,应当说明是否享有表决权。优先股表决权恢复的,应当根据章程规定的具体计算方法确定每股优先股股份享有的表决权。

原因,股东大会作为股份公司的法律拟制机构,理应由全体股东组成,但由于股份公司中股东人数众多,股东对公司利益的预期以及经营风险的承担不同,导致对股东大会审议事项的重视度也各不相同,尤其是小股东缺乏参与股东大会和获取相关信息的动力。此外,股东表决权是股东的私权利,有放弃的自由,法律不能强制股东参与股东大会并行使表决权。于是,股东是否参与股东大会会议并行使表决权就存在不确定性,如果实行以全体表决权为基数的多数决在实践中是不现实的。鉴于此,以出席表决权为基数来计算资本多数决显得更为公正与合理。但也有国家为防止出席会议的股东怠于行使表决权(包括投弃权票和中途退席等)对决议效力的影响,实行的是以行使表决权为基数的多数决,如美国《标准公司法》《纽约州公司法》与《特拉华州普通公司法》均有相关规定。实际上,表决权的行使既包括投赞成票和反对票,也包括投弃权票和不投票等情形。投弃权票和不投票也是行为人的意思表示,其目的就是对大会的审议事项保留自己的看法。此外,如果将其排除在计算基数之外,无异于剥夺了投弃权票的股东和出席而不投票的股东的表决权资格。如果为促成公司决议的尽快通过而剥夺股东在先的合法表决权,有悖于法律的公平价值理念和私法领域中保护在先合法权利的原则。

既然采用出席表决权数作为资本多数决的计算基数,那么股东大会决议的出席数是否需要法律的最低限制以及如何确定出席数,有深入研究之必要。对于股东大会会议最低出席数是否需要法定的问题,不同国家和地区做法不一。立法规定最低出席数的正当性在于:以避免出现少数股东集会即可形成决议的现象,从而造成多数股东利益之损害。事实上,也有不少国家和地区的公司立法均无最低出席数的限制性规定,完全交由公司章程自治。如中国、德国及欧盟等的公司立法就无此类规定。立法未作限制性规定,并不一定意味着多数股东利益受到侵害。因为法律并不限制多数股东行使表决权,多数股东完全可以通过积极行使表决权来捍卫自身权益。倘若多数股东权益受到少数股东的侵害,大多归因于多数股东放弃行使表决权的机会。可见,股东大会决议的最低出席数是否法定,并无实质上的意义。

股东大会会议出席数直接影响决议的效力，而出席数与会议召集程序密切相关。理由在于，股东大会召集是会议召开和决议形成的起点，会议召集程序一般涉及召集权人、召集对象与召集内容等三项。就召集权人而言，立法设置该项制度旨在配合公司内部治理结构，使公司正常运作，免受不当干预，在会议机制上协调股东、董事以及监事之间的关系，并具有防止召集权滥用的功能。由此看来，有无召集权问题貌似与资本多数决并无直接的关系。但实际上，召集人是否具有召集权对于股东参与股东大会的知情权、出席权、表决权均有一定影响。若股东从形式上就能明显判定召集人无召集权（如直接以个别股东名义发出的召集通知等），但部分股东在明知情形下仍出席会议并进行表决，则限制了另一部分股东的出席机会，影响其知情权、出席权和表决权，进而造成出席数计算的不客观和不公正，丧失了资本多数决适用的合理性，此时以多数决通过的决议也不能成立。若召集人从形式上足以让股东相信其有权召集（如召集者以召集权人名义在会议通知中署名等），股东也基于合理信赖出席股东大会并以多数决通过决议。这种情形并没影响股东对股东大会会议的知情权、出席权和表决权，没有影响股东出席数，据此作出的决议理应成立。但是否认定其有效以及如何追究召集人的法律责任才是问题的关键。就召集对象而言，只有向全体股东发出会议通知才充分保证所有表决权的行使机会（出席机会和表决机会）和所有无表决权者的出席权、发言权和质询权的实现，从而确保多数决基数是由所有愿意行使的表决权数构成，进而说明股东大会决议多数决的成立要件的合理性。就召集内容而言，审议的事项是作为享有表决权的股东是否出席会议、行使表决权的主要判断依据，若股东大会会议就召集通知中未列明的事项进行表决，对于未出席股东而言犹如未获通知一样，等于变相剥夺其表决机会，从而影响出席数的计算。因此，股东大会会议召集内容是否与决议事项一致也是判断股东大会决议成立与否的重要依据之一。

此外，股东大会会议出席数的确定可能会涉及以书面或电子方式行使表决权（即通信投票）是否纳入出席表决权数的问题，也可能会涉及因受处分禁止行使表决权的出席股东股份数是否纳入出席数的问题。为鼓励股东参与股东大会决议，提升公司治理效果，并配合现代科技的发展，通信投票应运而生。它是一种拟制的直接投票，其功能和作用类似于真正的直接投票,但二者略有差异。真正的直接投票,除了可对已列入议案的事项进行表决外,还可参与临时动议,甚至原议案修正的讨论与表决①;而通信投票对此类事项往往显得力不从心,于是,有些地区的立法将其视为弃权。这种规定如果对书面投票勉强具有合理性的话,那么对电子投票而言就显失正当性了。因为电子投票若能在技术层面上做到与现场同步进行,就应允许其进行表决,而不能将其视为弃权。实际上,要有效实施通信投票,还需要面对如何构建适当的信息公开制度以及如何规制表决权的购买行为等问题。但无论如何,通信投票是鼓励股东参与股东大会行使表决权的一种方式,是股东意思的表达方式,对决议能否形成定会产生影响。因此,通信表决权数应纳入出席表决数之列。至于受处分而禁止行使表决权的股份数,如果将其归入发行股份总数之中,就应认定出席大会的股东持有的该类股份数为出席股份数,以维护法律体系解释的一致性。否则,如果将其归入发行股份总数之中,而不允许持有股东出席股东大会,则股东大会召集所需股份数的计算明显失衡,使少数股东借以处分方式影响出席股份数,妨碍股东大会的召集;此外,还有可能影响公司股东大会决议机制无法启动,影响公司的正常经营业务,有悖于公司法制有关股东大会召开与决议的公益本旨。因此,受处分而禁止行使表决权的股份数理应算入出席股份数之中。对于依法限制或放弃行使表决权的股份数,由于其属于公司发行股份总数之中,也应纳入股东大会出席股份数之列。

需注意的是,在计算出席股东的表决数时,并非所有出席而有表决权的股份数可全部纳入出席表决权数之中,对于立法明确规定不得行使表决权的股份数(如公司持有本公司股份),不得算入已出席股东大会的表决权数。

---

① 至于哪些事项可列入临时动议提交股东大会表决,立法上是存有差异的。如我国现行《公司法》第一百零二条规定,临时提案的内容应当属于股东大会职权范围,并有明确议题和具体决议事项。股东大会不得对召集通知或公告中未列明的事项作出决议。《日本公司法》第三百零四条规定:"股东,在股东大会上就股东大会的议题事项可提出议案。但该议案违反法令或章程,或者就实质上的同一议案在股东大会上未得到全体股东(就该议案不得行使表决权的股东除外)表决权的十分之一以上(章程已规定低于该标准的比例时,从其该比例)赞成之日起未经过三年时,不在此限。"

第二章 股东大会决议效力的影响因素

股东大会决议成立要件是判定股东大会决议效力的前提和基础,而影响股东大会决议效力的因素包括会议程序和决议内容两方面。对两者的分析,旨在探究决议的效力范围,以及揭示造成决议效力瑕疵的事由及其救济路径。

一、影响股东大会决议效力的程序要素

作为公法行为理论的一项基本内容,程序在公法域空间中得到广泛运用。随着公私法领域的逐步融合,程序规范在公司法这一传统的私法域空间中得以体现,其功能和价值随着私权利保护的强化而愈发彰显。法律程序的价值如何,在很大程度上取决于法律程序所承载的实体法内容的性质。任何实体权利的实现均离不开程序的保障,任何一项程序制度均与一定的实体权利相关。因此,追求实体公正是程序法的主要价值所在。但法律程序还有其独立的公正价值和效率价值,原因在于:实体正义和程序正义分别是立法者在确定实体权利义务和程序设计时所遵循的价值标准。实体正义是一种结果价值,而程序正义是一种过程价值。程序正义是确保实体正义的前提和基础。[①] 可见,程序的法律价值体现在:在保证程序公正和效益的基础上确保实体公正。因此,一项法律行为除了满足内容合法,其程序也必须合法。违反程序将导致该行为存在效力瑕疵。

作为团体法律行为的股东大会决议,其形成过程更需要创设严格的

---

① 李建伟:《公司诉讼专题研究》,中国政法大学出版社,2008,第181页。

程序要求。因为对于股东人数众多的股份公司而言,暗含着诸多利益相关者之间的权利冲突,而股东大会是股东行使权利的最重要场所,要保证股东充分行使自身所享有的权利以及决议能代表多数股东的意思,其程序的合法性就显得尤为关键。各国公司立法规定程序瑕疵的决议可被撤销,甚至被认定为决议不成立,从而体现出程序正义的法理念及其独立价值。正如有学者所言,"关于技术问题……如果不遵循规范的程序就会不可避免地产生混乱、怨恨和争议"①。因此,只有遵循法定程序形成的决议才是合法有效的决议。从这个意义上说,股东大会决议效力问题主要是一种程序性问题,程序正义是公司决议的生命线,有效的决议离不开对法定程序的严格遵守,程序是否正当往往关系着股东尤其是少数股东的权益。由于股东大会会议的有效性以及所作决议的合法性取决于会议召集程序和表决方式的合法性,因此,股东大会会议的召集程序与表决方式是影响决议效力的关键程序性因素。

(一)股东大会会议的召集程序

股东大会会议的召集程序主要涉及召集权人范围和顺序以及召集通知时间、地点、对象、内容等相关问题。②

1.召集权人范围和顺序

有权召集股东大会的主体即召集权人的范围,召集权人的范围和顺序会影响股东大会会议及其决议的有效性。纵观各国的公司立法,召集权人的确定有两种方式:一种是由法律的强制性规定加以确定。即股东大会召集权人是由公司立法的强制规定,不属于公司自治范畴,章程不能

---

①　Byng v. London Life Association Ltd.[1990]1 ch. 170,p193.转引自何美欢:《公众公司及其股权证券》(中册),北京大学出版社,1999,第573页。

②　事实上,无论股份有限公司还是有限责任公司,股东(大)会会议的召集程序均应有明确的法律规定,股东通过股东(大)会行使股东权利,股东实际参与股东(大)会会议并作出真实意思表示是股东(大)会及其决议有效的必要条件。但由于有限责任公司具有较强的人合性,股东彼此颇为了解,对某些事项容易达成一致意见,尤其是人数较少、业务简单的有限公司更是如此。因此,现行法规定:"股东以书面形式一致表示同意的,可以不召开股东会会议,直接作出决定,并由全体股东在决定文件上签名、盖章。"该规定仅针对一致同意的事项可经召集程序由全体股东签字同意即可;但如果未形成一致意见,还是要通过股东会会议的方式来解决。

违背公司立法来确定召集权人。如韩国、法国、加拿大以及我国均采取此种立法体例。另一种是由法定和章定相结合加以确定。即除非公司法有特别规定,否则,章程对召集权人的确定具有优先性。这种确定方式在一定意义上强调了公司自治色彩。如英国、美国、日本均采取此种立法体例。

通过考察一些国家和地区的公司立法发现,不同国家和地区对召集权人范围的规定不完全一致,但召集权人大致包括董事会、少数股东、监事会、重整人与清算人。其中,重整人或清算人只是在重整或破产期间才有权召集股东大会会议,而在公司正常营运期间是由董事会、少数股东或监事会召集。然而,召集权的行使是有条件限制的,各个国家和地区的公司法大都规定:董事会是第一顺序召集权人,若其不愿召集或不能召集,由监事会召集;若监事会不愿召集或不能召集,则由符合特定条件的少数股东召集,至于少数股东能否自行召集,各个国家(地区)有不同规定。可见,召集权人制度的设计主要是为了配合公司治理结构和保护少数股东权益。正如上文所述,召集权人是否适格是判定股东大会决议能否成立的要件之一,对于绝对无召集权人(即从形式上足以让股东认定其无召集权)召集的股东大会,属于召集程序严重瑕疵的情形,足以导致股东大会不能成立,故据此所谓"会议"所作出的所谓"决议"自然就不会成立。对于相对无召集权人(即从形式上足以让股东相信其有召集权)召集的股东大会,属于召集程序上的一般瑕疵,据此所作出的决议效力如何,应视决议有无其他违法或违章情形,以及决议是否已经执行而定。

就我国现行公司立法而言,股东大会召集权人的范围仅含董事会、监事会与少数股东,并赋予少数股东自行召集权。[①] 同时对召集权人范围与主持人范围进行不同的规定,主持人的范围包括董事长、副董事长、符合条件的董事、监事会以及符合特定条件的少数股东。其中,会议主持人

---

① 参见现行《公司法》第一百零一条规定:股东大会会议由董事会召集,董事长主持;董事长不能履行职务或者不履行职务的,由副董事长主持;副董事长不能履行职务或者不履行职务的,由半数以上董事共同推举一名董事主持。董事会不能履行或者不履行召集股东大会会议职责的,监事会应当及时召集和主持;监事会不召集和主持的,连续九十日以上单独或者合计持有公司百分之十以上股份的股东可以自行召集和主持。

也是有法定顺序的。可见,我国公司立法对召集权和主持权范围和顺序的确定采取区别的立法例,并对少数股东权益采取更为直接的保护模式。相对于1993年的《公司法》,这样的制度安排对于保障公司规范运作更为周密和科学。但在公司实践中,时而出现监事会怠于履行会议召集职责[①],并以正在履行为借口阻碍少数股东召集权的及时行使的现象,从而影响公司正常运营,使公司长期处于非正常状态。因此,有必要以法定或章定形式对监事会行使召集权的期间进行确定(董事会召集权的行使期间已由公司法加以确定),旨在防止监事会消极履行召集职责,更是为了防止少数股东的召集权流于形式。此外,我国公司立法中有关由监事会、少数股东分别主持各自召集的股东大会会议的规定也存有不妥,因为会议主持人应为自然人,监事会作为组织体充当主持人缺乏可操作性,应该明确由监事会主席主持。同理,当召集股东人数为两个或两个以上时,应明确由多个股东按照所持股权比例推举一名代表股东主持。若为法人股东,可由其法定代表人或代理人主持。

2. 会议的通知或公告

股东大会会议是股权行使最重要的场合,是否参会及会议的重要性是两个相关联的问题,前者可由股东个体自由决定,后者是针对整个公司制度框架的原则和基本理念而言的,体现立法者对公司人格的尊重以及对股权的重视。因此,股东大会召集通知或公告对于赋予股东出席股东大会并行使权利的机会发挥着重要功能,是实现程序正义的一个重要方面。

会议的召集通知或公告会涉及召集时间、召集地点以及审议事项等内容。就召集时间而言,之所以在股东大会会议召开的一定期限之前以书面形式通知全体股东,旨在"形式上使股东有充分的时间安排参加会议,实质上为股东提供充分的机会研究在会议上表决的动议和该动议的合法性,以便决定支持或反对该动议"[②]。会议通知的期限因股东大会会

---

① 出于维护公司利益之考虑,对召集权人来说,股东大会召集权既是权利也是职责。

② 姜战军:《股份有限公司股东大会制度研究——股东大会对股东权的保护》,载梁慧星主编《民商法论丛》第13卷,法律出版社,2000,第702页。

议类型、股东是否记名以及股票是否公开发行而有别。我国《公司法》规定：股东年会和临时会议分别在会议召开二十日和十五日前通知各股东；对于无记名股东，应在会议召开三十日前公告会议召开的时间、地点和审议事项。各国（地区）公司立法对股东大会会议的通知期限均采取强制性规定，以确保股东参会的权利。至于公司章程能否对法定的通知期限进行限制，应视情况而定。若章程规定的期限短于法定期限，则无效，因为缩短法定通知期限无疑会压缩具备参会资格的股东准备和考虑的时间，从而影响其表决权和质询权的处分行使。若章程规定的期限长于法定期限，应该予以认可，因为延长法定通知期限不会造成股东的不利，也没有违背公司法的强制性规定。至于通知或公告期限是采用"到达主义"还是"发出主义"，应视情况而定。为防止召集人利用期限规则怠于通知股东，以侵占股东准备参会的时间安排，对于通知的有效期限采用"到达主义"为宜；对于无记名股东的通知，由于无地址记载，只能采用公告形式发出，即"发出主义"。

就召集地点而言，各国（地区）公司立法大都无明文规定，我国也不例外。然而，在公司实践中，有些公司的董事利用节约成本的理由，会选择多数股东不便参会的地点召开股东大会，这样无异于变相剥夺了多数股东的出席权和表决权，但由于缺少法律约束而使受害股东无计可施。因此，为了使尽可能多的股东参加会议，使得股东大会具有广泛的代表性，应通过法定或章定的形式对股东大会的召开地点进行限制。至少立法上可以设置一个原则性规定，即"股东大会地点的选择应有利于尽可能多的股东参加会议"。或借鉴英美做法，即章程无规定的，则以在公司总部召开为原则。

就召集对象而言，股东大会是全体股东组成的公司权力机构，全体股东理应有权出席股东大会会议，但由于股东大会决议是以表决权多数通过，而无表决权股东有出席权和质询权，而无表决权。至于会议通知是否必须发给全体股东，各国公司立法不尽一致。有些国家仅对有表决权的股东寄发通知，如美、韩、日、加拿大等国；有些国家和地区则强调会议通知必须寄发给全体股东，如英国等。比较而言，后者更具有正当性，理由在于:无表决权股东仅无表决权,而并非丧失出席权、知情权和质询权。如果无表决权股东不能参加股东大会,这无异于剥夺了其出席股东大会参与讨论及质询会议事项的权利,并排除了其对无须表决事项的监督权。召集对象问题还会涉及出席人和列席人的相关问题。至于股东大会会议的出席人是否必须是股东,无表决权股东是否都能出席股东大会会议以及何人应列席股东大会,则需略作分析。一般而言,只要能反映股东的真实意思表示,无须要求股东出席会议,可以委托代理人参加会议。公司持有自己股份属于无表决权股范畴,因为该类股份是库存股,相当于没有发行的股份,该股份的持有者无权利可言,因此,该类无表决权股东无权参加大会。对于何人应列席股东大会会议,我国公司立法将列席人选的确定权赋予股东大会,若股东大会要求董事、监事、高管列席会议的,其应当列席并接受质询。

就召集内容(通知内容)而言,股东大会所讨论的议案对股东决定是否出席会议会产生重要影响。正如有学者所言:"通知必须载明会议的审议事项,除非股东知道,否则,其将无法决定是否参加会议。"[①]股东大会会议通知的内容的价值在于:一是股东可以作出是否出席会议的决定的重要依据;二是制约着股东大会决议事项的范围。因此,通知内容的制度设计有助于股东事前了解会议的审议事项,体现了召集程序中的信息公开和程序正义的要求。至于对通知或公告的具体内容如何确定,不同国家和地区的立法要求不一样。有些是按照股东大会的类型(股东年会和临时会议)作不同的要求,即立法上对特别会议的通知或公告须说明会议的意图,如有特别议案,还需载明议案的内容或主旨,如英、美等国就采取此种立法模式。有些是按照决议事项的重要程度作不同的要求,即立法上对特别决议事项(如章程变更、减少资本、公司合并等)的会议通知应载明决议的内容或要点,如加拿大、日、韩等国就采取此种立法模式。而我国现行《公司法》规定了股东大会会议通知的内容包括召集权人确定的审议事项,并要求所有股东会议(无论股东年会还是临时会议)通知均须载

---

① 　Paul L. Davies, L. C. B. Gower(eds.), Gower's Principles of Modern Company Law (London:Sweet & Maxwell,1997), p.573.

明议案。对于通知中未载明的议案,虽然可提出临时动议,但不能交付表决,否则属于程序瑕疵。^① 需要注意的是,股东会议通知和董事会议通知存有差异,董事会议通知只需要告知时间和地点即可。出席董事会是董事的一项职责或义务,而出席股东会议是股东的一项权利,股东往往就是根据会议通知载明的事项决定是否参会。

对于通知内容的确定,还会涉及提案问题,无论是董事会提案、监事会提案还是股东提案,只有被列入会议议案(会议的审议事项),才有可能交付大会表决并获得通过。因此,提案能否被列入审议事项尤为重要。至于董事会和监事会提案,尽管我国现行《公司法》对其提案程序未作规定,但基于二者的法律地位,无论会议的召集权人为何人,均应将其提案列入会议审议事项;而股东提案被视为股东积极参与公司治理的表现,我国现行《公司法》第一百零二条第二款对提案股东资格、提案程序及提案要求均作出相应规定。^② 但该条款仅针对少数股东的临时提案而言,事实上,具有会议召集权的少数股东当然地享有提案权。此外,该条款有关股东的临时提案均提交董事会的规定欠妥,因为在监事会召集股东大会会议的情况下,这种规定显然缺乏可操作性,故应规定将股东的临时提案提交给召集权人为宜。

(二)股东大会会议的表决方式

表决方式是股东在股东大会会议上为形成决议而行使表决权的程序和形式。决议是团体法律行为,其形成依赖资本多数决原则,股东表决方式是否合法将会影响决议的效力。

---

① 实践中确实存在股东在股东会上以临时动议方式就公司重大事项进行表决的情形,损害了其他股东的利益。因此,有些国家和地区的公司立法对股东会临时动议进行了限制。我国现行《公司法》第一百零二条第三款对临时动议设立了禁止性的强制性规范。公司法规则和公司章程规则在属性判断、效力层级以及适用对象范围上都有显著区分,公司法具有普适性且不允许更改,而公司章程可以通过股东大会表决自主变通。因此,违反公司法之规定具有违法的确定性,禁止表决临时动议所维护的程序稳定性价值优于股东大会表决的实际效果。参见彭真明、温长庆:《股东会决议程序性瑕疵的体系解释》,《江海学刊》2019 年第 2 期。可见,股东大会中新增临时议案表决属于程序瑕疵,所形成的决议属于可撤销决议。

② 2024 年 7 月 1 日施行的新《公司法》还将提出临时提案股东的持股比例要求由百分之三降为百分之一,同时规定公司不得提高提出临时提案股东的持股比例。

1.股东出席股东大会并行使表决权的方式

(1)非投票表决。即参加股东大会的股东通过举手、起立等非投票方式对某一议案进行表决。一般是不记名的,根据举手同意的人数,再判断是否达到决议形成的资本多数决要求。依据资本多数决原则,表决权的计算是以股东所代表的表决权数为准,而不是以股东人数为准,采取举手、起立等不完全的表决方式,将难以计算股东大会决议是否通过。此外,非投票表决还忽略了股东所持股份数的多少,并不能反映出股东的表决力。因此,这种做法不仅有悖于资本多数决要求,还违背了"一股一权"的股权平等原则。然而,有些国家和地区基于经营效率考虑,一方面强调决议的资本多数决要求,另一方面又规定在章程或特定人员无相反要求时,决议可以通过举手等非投票方式表决,如加拿大、英国等。我国现行《公司法》虽无对表决方式的特别限制,但《上市公司章程指引》规定股东大会采取记名投票方式表决。而《到境外上市公司章程必备条款》规定在特定人员无相反要求时,股东大会以举手方式表决。

(2)投票表决。相对于非投票表决,投票表决需要股东通过现场填写投票单的形式对某一议案进行表决。根据是否要股东签名,可分为记名投票表决方式和不记名投票表决方式。对不记名投票,有学者认为,由于股东持有的股份数不等,难以计算出赞成或反对的股东们的表决权数,因此不能采取无记名投票方式。事实上,在不违背股权平等原则以及决议的资本多数决要求的前提下,只要能判定出席股东所持有的表决权数及其意思表示,均可采用。

2.股东不参加股东大会而行使表决权的方式

(1)表决权代理,即股东授权他人代为出席股东大会并行使表决权。股东授权他人代为出席股东大会行使表决权通常是基于股东本人因特殊事由而无法出席股东大会。在股权分散的股份公司中,要求所有股东出席会议进行投票是不现实的,为了确保股东出席或表决的定足数要求,代理行使表决权已成为股东参与公司决策的重要方式。

关于代理的授予方式问题,各国立法均规定采取书面的授权方式;对提交书面授权委托书的时间是否加以限制问题,多数国家的公司立法表示并无限制。一般认为，只要委托书在决议作出之前提交给受托人，代理权就具备行使的依据，并不影响决议的效力。

关于代理人资格问题，原则上应适用民法中的代理制度，公司法并无特别规定。但在公司实践中，大都以公司的经营者和其他股东为代理人。我国《公司法》虽确认了股东表决权的代理行使机制，但对表决权代理的条件、程序及行使限制缺少具体规定。① 至于代理人是否仅限于公司其他股东，笔者认为，股份公司股东人数众多，其参与公司的动机不尽相同，并且有些股东不懂公司经营，即使由这类股东充任其他股东的表决权代理人，在股东大会中未必会代表授权股东的利益而充分反映其意见，且其判断也未必比非股东更适合公司经营的需要。况且，股份公司股东较为分散，彼此互不了解，若要求必须委托其他股东代理，无异于对表决权代理行使予以不当限制。此外，公司经营者可能会出于对自身利益或公司利益的考虑，作出对授权股东不利的意思表示。因此，由股东将表决权委托其信任的人依其授权行使表决权为宜，并且自然人股东和法人股东可以相互受托。但为避免对公司利益造成损害，与会议审议事项有利害关系的股东和公司本身不得成为代理人。

关于表决代理权的范围问题，原则上代理人的权限应由委托书载明，若授权股东就表决权的行使及其范围有所指示或限制时，代理人应依照该指示或限制范围行使表决权。若代理人违反股东的指示或限制，是否会影响决议的效力需要具体分析。在决议形成过程中，表决权行使可能存在无权代理的情形，而股东大会决议作为一种法律行为，法律行为有关无权代理的法理对决议应有适用的空间。依据民法理论，无权代理是指无代理权人以他人名义实施的代理行为，无权代理在法律上并不当然无效。无代理权人以他人名义行使代理行为，如经本人追认，即成为有权代理，代理行为自始有效，由本人承受法律行为的效果。如未经本人追认，代理行为对本人不发生效力，则由无权代理人对相对人承担责任。就股东表决权的代理行使而言，原则上代理人的权限应由授权委托书载明，如

---

① 参见现行《公司法》第一百零六条之规定："股东可以委托代理人出席股东大会会议，代理人应当向公司提交股东授权委托书，并在授权范围内行使表决权。"

果授权委托书未载明具体的权限范围,应当认为股东在股东大会上所能行使的全部权利,代理人都有权代理行使。但若股东对表决权的行使范围进行指示或限制时,代理人应当在股东的指示或限制范围内行使表决权。若代理人违反股东的指示或限制①,决议的效力是否会受影响,学界观点不一。观点一认为,代理人应按股东的授权行使表决权,如有违反该授权而弃权或与股东所明示的意思相反地行使,那么应对股东承担损害赔偿责任,但是股东大会决议本身的效力不受影响。② 观点二认为,无代理权人行使表决权无效,造成决议方法显著不公正,应成为股东大会决议撤销的事由。③ 也有学者认为,无权代理并不当然成为决议撤销的原因,只有当代理行使表决权无效的效果是股东大会决议欠缺赞成的必要多数时,才构成决议撤销的原因。④ 观点三认为,代理人违背股东的指示或限制,虽属无权代理,但仅为个别股东行使表决权的瑕疵。如扣除无权代理的表决权数,不影响决议必要的法定多数,决议的效力应不受影响。反之,则应认定决议不成立。⑤

本书认为,股东大会决议是通过多数决的表决机制而形成的公司意思,具有团体法的特点,代理人违背股东意思进行表决的行为属于无权代理,属于决议程序瑕疵范畴。基于程序正义作为考量决议有效性的重要因素,无论是个别股东还是多数股东在无权代理下行使表决权均会导致决议效力的瑕疵。如果仅以扣除无权代理的表决权数是否会影响决议的通过为考量标准,即仅以结果公正为标准,则无异于漠视甚至剥夺少数股东表决权的行使,忽视了程序公正。事实上,决议的有效性不仅取决于结果公正,更有赖于程序公正。因此,一方面,在无权代理下所作出的股东大会决议由于该瑕疵决议仅属于程序上的瑕疵而不能认定该决议无效;另一方面,这种瑕疵是在符合决议成立要件的情形下出现的,因而不能认

---

① 代理人违反作为委托人的股东意思进行表决,实质上为无权代理。正如有学者所言,股东在委托书上记载对特定议案赞成或反对的意思,代理人违反该指示而行使表决权的,为无权代理。参见[日]今井宏:《表决权代理行使的劝诱》,商事法务研究室,1971,第309页。

② [韩]李哲松:《韩国公司法》,吴日焕译,中国政法大学出版社,2000,第377页。

③ [日]加藤良三:《股份公司法》,中央经济出版社,1984,第359页。

④ [日]今井宏:《表决权代理行使的劝诱》,商事法务研究室,1971,第310页。

⑤ 钱玉林:《股东大会决议瑕疵研究》,法律出版社,2005,第212页。

定该决议不存在（除非扣除无权代理的表决权数使得决议不能成立的情形出现）。鉴于此，将无权代理下作出的股东大会决议视为可撤销决议（特殊情形为决议不存在）较为妥当。

关于表决权代理行使的限制问题，实践中，各国（地区）一般从两个方面实施：一是对代理人受委托的表决权总量进行限制。有些国家和地区的公司立法对受委托的表决权占股份总数一定比例进行限制，超过规定比例的表决权不予计算。这种限制有利于防止表决权过分集中于少数人手中，使股东大会的决议尽可能体现大多数股东的意愿，也是解决"理性冷淡"的股东怠于行使最终控制权的较好途径。① 二是对委托的效力期限实施限制。不少国家和地区的公司立法均要求股东委托代理人行使表决权，必须在每次股东大会会议召开前单独进行，概括地委托代理人行使表决权无效。②

关于代理权征集问题，又称表决权招揽、表决权劝诱，是指代理人为控制公司的经营活动而劝诱其他股东授权自己代理行使表决权的行为，是表决权代理的高级形态。表决权征集的产生主要源于股份公司中的中小股东对表决权行使的"理性冷漠"，从而造成分散的表决权被征集的现象。征集表决代理权人须向受征集的股东提供代理权征集书。征集人取得代理权并对委托股东履行诚信义务，否则，会承担相应的法律责任。我国现行《公司法》对表决权征集未作规定，但有关规章对此有所涉及。如1993年颁布的《股票发行与交易管理暂行条例》第六十五条规定，任何人在征集25人以上的同意权或投票权时，应当遵守证监会有关信息披露和作出报告的义务。2018年证监会修订的《上市公司治理准则》第十六条规定，上市公司董事会、独立董事和符合有关条件的股东可向上市公司股东征集其在股东大会上的投票权。2022年证监会制定的《上市公司独立董事规则》第二十二条规定，上市公司应当赋予独立董事在股东大会召开前公开向股东征集投票权等特别职权。在我国公司实践中，早有关于征集表决权的案例，如胜利股份股权之争为我国第一例表决权征集，首次明

---

① 张开平：《英美公司董事法律制度研究》，法律出版社，1998，第68页。
② 范健、王建文：《商法学》，法律出版社，2009，第194页。

确且大规模使用了"公开征集股东授权委托书"争夺表决代理权的形式。① 然而，表决代理权征集可能会被管理层利用以维持、巩固自身地位而逃避股东大会对其业绩的考察，也可能会导致意欲操纵公司经营的小股东采取有偿手段从其他股东获取表决权的现象，损害其他股东利益和公司利益。② 因此，多数国家和地区的公司法对表决权征集予以严格限制。鉴于表决权征集对解决"理性冷淡"的股东怠于行使最终控制权具有积极意义，我国应保留和完善表决权征集制度。因此，2019年新修订的《中华人民共和国证券法》（简称《证券法》）在现有立法规定的"公司董事会、独立董事和符合相关规定条件的股东"为征集对象范围的基础上，确立了投资者保护机构公开征集主体的法律地位，从而在法律层面确立了投票权征集行为的合法性。③ 但为了避免表决权征集被利用进行恶意炒作损害公司利益，还应对其进行必要的限制，尤其应对征集人的持股时间进行严格限制和披露，同时要加强对征集过程中重大违法违规行为的监管。

（2）表决权信托。表决权信托也可以使股东不必亲自出席股东大会而达到行使相关权利的目的。所谓表决权信托是指股东在意定期间内以不可撤回的方法将表决权转移给受托人，由受托人持有并集中行使，股东享有股份收益权的制度。根据信托协议，受托人仅享有表决权，而表决权信托上的经济权益，包括股利分配与剩余财产分配请求权均属于该股份所有人享有。④ 表决权信托有利于受托人取得、维持或确保对公司的控制权，排除异议股东对公司控制的干扰，也可以此为信用作为债权人向公司提供资金的交换条件。可见，表决权信托基本上是一种控制措施和手段。正是从这种意义上说，表决权信托有悖于公司民主，因此，早期普通法对表决权信托往往持否定态度。但是，基于表决权信托在股权分散的背景下有利于调动少数股东行使表决权的积极性，现代法律较普遍地承

---

① 周俊生：《胜利股份：一场别开生面的股权之争》，《改革先声（新视点）》2000年第6期。从胜利股份股权之争案可以看出，采用委托书征集表决代理权的方式不仅对于维护股东权益尤其是中小股东权益意义重大，而且对于公司未来发展以及公司控制权转移均会产生重要影响。

② 有偿征集表决代理权应被认定为不具有法律效力。原因在于：一是股东表决权本身具有不可转让性，不能与股权分离而转让；二是表决权的有偿征集违背了公共政策，损害了其他股东利益。

③ 参见《证券法》第九十条。

④ ［美］罗伯特·W.汉密尔顿：《公司法概要》，李存捧译，中国社会科学出版社，1999，第163页。

认表决权信托的合法性。表决权信托的法定要件一般包括：一是信托的基本目的正当；二是将股份转移给受托人；三是协议有效期不超过法定最长期限；四是协议必须为书面形式；五是协议必须备份于公司注册办公场所并可由股东或信托受益所有人检查。① 表决权的设立必须符合法定要件，否则，会导致无效。

（3）通信表决。当股东不愿或不能出席股东大会时，在不愿放弃其表决权的同时又担心委托的代理人不按本人的意思行使表决权。鉴于此，有的国家规定了表决权的书面行使制度（即书面投票制度），即不出席股东大会的股东在书面投票用纸上就股东大会决议中的有关事项表明其赞成、否定或弃权的意思，并将该书面投票用纸在股东大会召开之前提交公司以产生表决权行使效果的法律制度。随着电话、传真、互联网等现代通信工具的普及，股份公司借助这些通信工具召开股东大会，股东可以便捷地参加股东大会并行使表决权。其中，网络投票借助了先进的电子计算机及互联网技术，其优势更为明显：一是使股东参加股东大会不受地域和时间的限制；二是降低公司召开股东大会和股东参加会议的成本；三是提高办事效率；四是公正程序可以确保形成合法有效的大会决议。② 有鉴于此，网络投票有助于股东在花费较少时间和精力的情况下很好地行使权利，以较少的成本获得利益，这正是市场投资主体参与市场行为的内在动力源泉，必然提高中小股东们参加股东大会的积极性。因此，网络投票在当下运用最为广泛。通信表决的特殊性在于其会影响股东大会修正议案的效力。股东以通信方式行使表决权的前提条件是股东大会议案已经确定。股东以通信方式行使表决权后，如果该议案在股东大会会议上被修正而成为修正议案，则股东以通信方式针对原议案所作的表决（意思表示）将难以适用于修正后的议案。至于通过表决会对修正议案产生何种影响，应视具体情况而定。有学者认为应当将通过通信方式行使表决权的股东视为缺席；有学者认为应当视为弃权。事实上，这两种观点均有待商榷。一般而言，通信表决包括书面投票和电子投票。就书面投票而言，

---

① 施天涛：《公司法论》（第二版），法律出版社，2006，第331页。
② 张毅、邱鹭风：《论上市公司股东大会表决方式的不足及完善》，《现代管理科学》2004年第2期。

虽然股东未出席股东大会,但其对原议案的意思表示已通过书面形式在会议召开前提交给公司,意味着该股东具有参与股东大会的意思并行使了表决权,就已构成股东大会定足数的一部分。根据规定,股东大会定足数一旦形成,对整个会议过程均有效。由于该股东不在会议现场,无法知悉修正议案,更无法对修正议案进行意思表示,因此,将其视为弃权也能勉强成立。对此,较为合适的做法是,应从利益平衡的视角去考量,股东针对原议案所做的表决对修正议案的效力解释,应由公司章程或者股东大会会议通知事先作出明确规定,而任何试图于事后以意思表示解释的视角来推断针对修正议案的效力解释都是缺乏充分法理依据的。[①] 就电子投票而言,若将其视为弃权就显失正当性了,因为电子投票若能在技术层面上做到与现场同步进行,就应允许其进行表决,而不能将其视为弃权。

3. 表决权行使的统一性

原则上,表决权应当统一行使。但在实践中,确实存在表决权难以统一行使的情形,如股份共有人未能就决议形成一致的意思表示时,若只能由一人代表行使表决权,该代表人依据不同意见的比例行使表决权,比较符合公平的理念;再如股东将其部分股份转让而未办理变更登记时,原转让股东仍是名义股东,其行使表决权时理应同时反映与其意见不一的受让人的意思表示,则产生表决权的不统一行使。因此,认可表决权在特定情形下的不统一行使对股东利益的维护具有积极意义。至于表决权的不统一行使是否会影响决议的效力问题,应取决于各个国家和地区的立法规定。即使立法允许表决权的不统一行使,也应对其使用范围及适用程序进行限制,否则,随意的表决权不统一行使很容易导致股东大会运行混乱。我国现行《公司法》对表决权的不统一行使未作规定,按照私法域空间里"法无禁止即自由"适用原则,可以理解为只要不损害公司、其他股东以及第三人利益,则可允许表决权的不统一行使。

至于会议出席数是否应由法律作出限定以及出席数对决议效力的影响,前一章已作阐述。对此,还会涉及以下问题:一是在采取出席数法定

[①] 石纪虎:《论通讯表决对股东大会修正议案的效力》,《福建论坛(人文社科版)》2011 年第 6 期。

或章定的立法模式下，出席股东所代表的股份数不足法定或章定的最低要求时，对决议效力是否会产生影响；如果有影响，会产生何种影响。对此，学界存在三种观点：观点一认为，出席股东不足法定或章定要求所作出的决议属于决议方式违法或违章，与决议内容是否违法无关，该决议应为可撤销决议。[①] 观点二认为，出席股东符合法定或章定要求是决议的成立要件，欠缺此要件，应认定该决议不成立。[②] 观点三认为，决议效力应视违反法定最低要求还是章定最低要求来决定，若出席股东所代表的股份不足法定最低要求的，决议不成立；不足章定最低要求的，决议可撤销；既不足章定最低要求，也不足法定最低要求的，决议无效。比较而言，观点二较为合理。因为法定或章定的出席股份数的最低要求，对股东和公司机构具有约束力，如出席股东未达要求，股东大会不具有决议能力，所作出的决议就欠缺成立要件，应认定为决议不成立。

二是在计算出席股东表决权数时，无表决权股东和特别利害关系股东所持有的股份是否纳入基数之内。通说认为，对于无表决权股份不能算入发行股份总数中，更不能算入出席股东的表决权数之中。否则，将会影响决议效力。对于与决议事项有特别利害关系股东所持有的股份，其表决权是否应当排除，学界和立法上均存在争议。有些国家和地区立法规定，该类股份应算入发行股份总数中，不得算入出席股东的表决权数之中。事实上，法律规定股东表决权排除的适用应当慎重，否则有剥夺多数股东合法控制权之嫌，在另一层意义上违背股权平等原则。从各国立法看，表决权排除主要适用于股东大会审议涉及关联交易的事项，目的在于防止多数股东利用表决权优势形成有损其他股东的决议。

至于表决权数是否法定的问题，各个国家和地区均采用法定的立法例。问题是，章定的最低表决权数能否提高或降低法定的最低表决权数要求，以及对决议效力是否会产生影响？通说认为，章定的最低表决权数可以提高，但不能降低法定最低表决权数。事实上，法定最低表决权数属于强制性规范，不能以章程降低要求，否则，会降低决议的代表性，易于诱

---

① 杨敏华：《比较两岸公司法——股份有限公司股东大会决议之研究》，《法令月刊》2001年第52卷第7期。

② 林国全：《诉请撤销程序瑕疵之股东会决议》，《月旦法学杂志》2001年第79期。

发少数股东对公司的控制权,有悖于公司民主。但对于章程是否可以提高法定最低数,笔者持否定观点。理由在于:若允许章定要求可以提高法定要求,一方面,无异于赋予少数股东否决权,对多数股东不公平,且有悖于股权平等和资本多数决原则;另一方面,会造成股东大会难以形成决议,诱发公司僵局,最终影响公司效率,损害全体股东利益。对于弃权票是否应算入多数决基数之中,前一章已作阐述。至于无表决权股东参与表决,是否必然影响作出决议的效力,则视情况而定。通说认为,若无表决权股份对出席会议多数决和表决权多数决的最低要求不构成影响,则不会影响决议的效力,否则决议效力会受到影响。

近年来,在公司决议纠纷之诉案件中,股东伪造签名是决议可撤销之诉、无效之诉的最为常见的理由。2017年以前以伪造签名提起诉讼的股东均主张涉案决议并非其真实意思表示,应为无效,而经法院审查后对于存在伪造签名情形的决议也均被认定无效。但自2017年9月1日《公司法司法解释四》实施后,决议不成立之诉得以认可,以伪造签名为由主张决议不成立的案件开始增多。至于伪造股东签名的股东会决议,是否必然影响决议的效力,则视情况而定。有学者认为,表决权人表决行为瑕疵并不当然影响股东大会决议行为的法律效力。原因在于:股东大会决议是团体意思,在团体法视角下,为了形成团体意思表示,单个表决权人的个体意思表示和权利需要做出适当的减损和限制,甚至被团体意思表示所吸收。这也是公司决议行为区别于合同行为的主要标志。比如,伪造股东签名的股东会决议应属于表决方式上的程序性瑕疵,伪造拥有表决权的人进行表决行为,构成的是《中华人民共和国民法典》(简称《民法典》)所规定的无权代理行为。在被伪造签名人事后对伪造的事实不予追认的情况下,伪造签名行为对被伪造者不发生效力,由伪造签名者承担责任。但伪造股东签名的股东会决议倘若没有对法定或章定的多数决原则产生实质性影响,则应当认定该股东会决议的效力不受影响。[①]

在司法实践中,伪造股东签名的股东会决议的处理结果往往有四种情形:一是若伪造了股东签名后所形成的股东会决议侵犯了股东的合法

---

① 张雪娥:《公司股东大会决议效力问题研究》,法律出版社,2018,第285-286页。

权益造成决议内容违法的,法院认定决议内容无效。如朱某诉走马岭建工公司、宗某、张某股权转让纠纷民事判决书[(2018)鄂 0112 民初 2656号]认为:在走马岭建工公司、宗某不能举证证明朱某知晓并在股东会上签名同意公司增资的情况下,对走马岭建工公司设立时的股东内部而言,该增资行为损害了原有股东的合法权益,应认定为无效,对朱某不产生法律约束力,不应以工商变更登记后的注册资本金额来降低朱某的持股比例。

二是若伪造了股东签名,同时还存在公司未召开会议,或未对决议事项进行表决等情形的,法院认定决议不成立。如刘某与张某莲、智恒鑫公司、陈某辉、张某渠股权转让纠纷民事判决书[(2018)川 0107 民初 4110号]认为:2017 年 10 月 23 日智恒鑫公司《股东会决议》上刘某的签名系伪造,也无证据证明作出该《股东会决议》的股东会真实召开,故认定该《股东会决议》不成立。

三是若伪造了股东签名,且召集程序或者表决方式有重大瑕疵且对决议产生实质影响的,法院撤销股东会决议。如郑某臣诉嘉祥公司、郑某、王某、杨某民公司决议撤销纠纷民事判决书[(2018)甘 0921 民初1922 号]认为:被告在 2018 年 9 月 13 日召开股东会时,并没有按照法律或者公司章程规定通知原告郑某臣,也没有在股东会议期间形成会议记录,被告召开股东会的程序存在违法行为,故原告请求撤销股东会上形成的决议内容有事实依据和法律依据,应予支持。被告虽在庭审中辩称已经用微信通知了原告,但没有提供相应的证据,应当承担举证不能的法律后果。

四是伪造股东签名的股东会决议会议召集程序或者表决方式仅有轻微瑕疵,且对决议未产生实质影响的,法院驳回诉讼请求。如蔡维方与温岭南方鞋帽有限公司公司决议效力确认纠纷民事判决书[(2018)浙 1081民初 12204 号]认为:依据公司法和公司章程规定,被告公司营业期限届满,股东会会议通过决议修改章程使公司存续,在表决时遵从资本多数决定原则。在其他股东均同意股东会决议,原告是否投反对票不会影响案涉股东会决议的通过。故原告以被告公司 2014 年 4 月 17 日的股东会决议上并非本人亲笔签名为由要求确认该股东会决议无效的诉讼请求缺乏法律依据,不予支持。

二、影响股东大会决议效力的实体性要素

在股东大会决议形成过程中,将涉及股东大会提案、股东对提案内容的表决投票、对股东行使表决权数的统计三项意思表示。在这三项意思表示中,只有股东大会提案才有实质性的内容,股东投票和对股东投票结果进行统计均为量化的意思表示,没有实质性内容。[①] 意思表示是法律行为的核心要素,法律行为的效力自然会受到意思表示效力的影响,意思表示的瑕疵必然会导致法律行为效力的瑕疵。作为团体法律行为,股东大会决议的效力必然受到上述三项意思表示的效力影响。其中,股东投票和对股东投票结果的统计这两项意思表示无实质性内容,故其对决议效力的影响属于程序性要素范畴,对此前文已作阐述。以下仅对具有实质内容的股东大会提案这种意思表示进行分析,以期寻求影响股东大会决议效力的实体性要素。

股东大会提案作为决议形成的首要环节,其提案内容的合法性直接决定着决议内容的合法性,而提案内容是否合法与提案意思表示是否真实密切相关。按照民法理论,意思表示瑕疵一般可以分为真意保留、虚伪表示、错误、欺诈、胁迫几种情形。根据意思表示是否向相对人发出,意思表示可分为有相对人的意思表示和无相对人的意思表示两种形态。[②] 股东大会提案,是提案人向所有股东提出的,应属于有相对人的意思表示。股东大会的提案人主要包括董事会和股东。根据民法理论,对于真意保留,只有在意思表示相对人明知或者可得知的情况下才能主张无效。[③] 无论董事会还是股东在提案时是否为真意保留或作虚伪表示,都不可能为作为相对人的其他股东所知道,因此股东大会提案这种意思表示不会出现真意保留或者虚伪表示的意思表示。但由于公司信息的不对称,对于股东的提案,有出现错误、欺诈或者胁迫的可能,而对于董事会的提案,则只可能出现错误的意思表示。这种意思表示瑕疵可能会影响到提案内容是否

---

① 石纪虎:《股东大会决议内容瑕疵的法理分析——兼论股东大会提案审查的重要性》,《西南政法大学学报》2008 年第 3 期。

② 梁慧星:《民法总论》(第二版),法律出版社,2004,第 171 页。

③ 李开国:《民法总则研究》,法律出版社,2003,第 268 页。

合法和公正,进而造成决议内容的瑕疵问题。对于股东大会决议内容瑕疵的类型,有学者将其分为四类:一是违反法令的决议;二是滥用多数决原则的决议;三是违反公司章程的决议;四是股东大会权限外的决议。① 也有学者将违反章程的决议纳入违法决议之列。② 还有学者仅将决议内容瑕疵划分为违法决议和违章决议两类。③ 事实上,内容瑕疵主要包括内容违法和违章两种情形,此外,滥用多数决和利用不正当手段形成的决议会导致决议内容显失公正,影响决议的效力。有鉴于此,影响决议效力的实体性因素即决议内容是否违法、是否违章以及是否显失公正。

(一)决议内容是否违法

决议内容是否违法是影响决议效力的重要因素,各国公司法均规定了内容违法的决议为无效决议。而决议无效对公司内外法律关系产生很大影响,应尽量限制决议无效的范围,以维护公司交易的稳定性。鉴于此,对决议内容违法中的"违法"应作缩小解释,将其理解为违反公司法律的强制性规范为宜。可见,股东大会决议内容违法实质上是指股东大会所议事项及其决议违反法律的强制性规范。在我国,此处的"法律"还包括行政法规。④

依据对行为限定的范围或程度不同,法律规范可分为强制性规范和任意性规范。其中,强制性规范是不允许随意变更的。公司法律规范是否有必要做此类划分;若能,如何确定划分标准;对于内容违反强制性规范的决议效力应做如何评价。以下就这些问题进行分析。

公司法规范的属性取决于公司法的性质,但对于公司法的性质,学界的观点不完全一致。大部分学者认为,现代意义上的公司法是一个"渗透着公法色彩的私法领域"⑤,或"公法化的私法"⑥或"典型的公法化了的私

① 钱玉林:《股东大会决议瑕疵研究》,法律出版社,2005,第231页。

② 王保树:《股份公司组织机构的法的实态考察与立法课题》,《法学研究》1998年第2期。

③ 石纪虎:《股东大会决议内容瑕疵的法理分析》,《西南政法大学学报》2008年第3期。

④ 现行《公司法》第二十二条第一款规定:公司股东会或者股东大会、董事会的决议内容违反法律、行政法规的无效。

⑤ 王保树:《中国商事法》,人民法院出版社,2001,第14页。

⑥ 江平主编《新编公司法教程》,法律出版社,2003,第3页。

法"①。事实上,传统意义上的公司法作为公司自治法,属于典型的私法。但随着商业的发展,公司关系日趋复杂,公司经营不仅仅是股东之间的关系、股东和公司之间的关系,还涉及公司与债权人等第三人之间的关系。作为经济人的商事主体,公司为追求一己私利可能会损害他人利益乃至国家利益,于是,国家就有必要运用公法手段对公司经营活动进行强制干预,从而形成所谓的"私法公法化"。而公司法的这种性质决定着公司法规范是由任意性规范和强制性规范构成。这两种规范的并存也是为了适应公司管制和公司自由的要求。公司法的任意性规范的存在主要归因于公司法需要意思自治;其强制性规范的存在主要在于弥补任意性规范的缺陷——不能强行推进公共政策的实施,也不能充分保护投资者利益。正如有学者所言:"由于信息的不对称,公司法需要制定强制性规范以保护投资者利益;为强制推行公共产品以造福于公众,公司法需要强制性规范;为防止投机性修改公司章程以牟取私利,公司法需要强制性规范。"②可见,强制性规范的存在主要基于对公共利益或弱势一方权益的保护,集中体现了国家对公司组织与活动的干预,体现出公司法的公法色彩。

公司法设置任意性规范和强制性规范,有一定的标准,但这些标准并非一成不变。一方面,公司法与社会经济文化紧密结合,在不同国家或同一国家的不同时期,公司法的任意性和强制性的标准均不完全一致。另一方面,外部监控机制的强弱决定着公司法律规范的任意性和强制性。外部监控机制越发达,则公司治理和其他方面的公司法规范越可以选择任意性规范;反之,则选择强制性规范。可见,对公司法规范的任意性和强制性的判定标准是一个动态的过程。无论如何,外部监控机制和社会经济文化仍是构建具体标准的前提和依据。通说认为,信息不对称时规范、诉讼程序和法律责任规范、受信义务的规范、公式行为规范、股权中的固有权规范以及公司经济结构重大变化的规范等应设置为强制性规范;效率性规范、分配性规范即结构性规范等可设置为任意性规范。当然,这些标准会随着时间的变化以及公司外部控制机制的变化而变化。对于公

---

① 范健主编《商法》,高等教育出版社,2002,第95页。

② Jeffrey N. Gordon,"The Mandatory Structure of Corporate Law",Colum. L. Rev. 89,1549 (1989).

司法的强制性规范,根据违反规范后所产生的效力不同,又可分为效力性强制规范和取缔性强制规范。根据规范的内容不同,还可分为实体性强制规范和程序性强制规范。

事实上,无论是违反强制性规范还是违反任意性规范,均是违法行为。但为何将决议内容违法中的"违法"限定在违反法律的强制性规范之列?原因在于,强制性规范因课以当事人无例外遵守的义务,因而是无条件自动适用的,其行为违背强制性法律规范的规定,即意味着违反必须履行的义务,当然应视为"违法"。任意性法律规范则不同,由于它没有课以当事人无条件遵守的义务,它仅是在不排除适用或选择适用而又违背任意性法律规范时才视为"违法"的规定。① 虽然第三人对于当事人未排除适用或选择适用某任意性法律规范有一定的期待,但就整个公司法律关系和公司秩序而言,违反任意性法律规范的破坏程度较低,因而,除个别情形外,人们不会给违反任意性法律规范的行为以"无效"的效力评价。② 此外,决议无效对公司内外法律关系的影响很大,会危及公司经营的稳定性和交易的安全性。因此,将决议内容违反任意性规范排除在决议无效范围之外,具有较强的正当性。

纵观各国公司立法,多数对公司类型、公司设立条件、公司设立的程序、股东的权利和义务以及公司内部组织机构的权利和义务等作出强制性规定。由此可见,公司法的强制性规范可分为程序性和实体性两类。就程序性的强制规范而言,由于对程序性强制规范的违反并不必然导致对相关利害关系人实质权利的侵犯,赋予相关利害关系人撤销行为的权利,比直接认定行为无效更符合保护相关利害关系人的目的。鉴于此,将违反程序性的强制性规范的行为判定为可撤销行为为宜。与此相应,对

---

① 任意性法律规范的拘束力并不表现在被公司法赋予上述权利和当事人行使该权利的过程中,而是表现在当事人不排除适用或选择适用了该任意性法律规范之后。如现行《公司法》第一百六十六条第四款规定,股份公司按照股东持股比例分配,但章程规定不按持股比例分配的除外。如果章程规定了"不按持股比例分配",则公司法关于"股份公司按照股东持股比例分配"的规定不对股东有拘束力。反之,如章程没有规定"不按持股比例分配",则该公司应遵守"按照股东持股比例分配"的规定。换言之,公司没有排除适用某任意性法律规范,就意味着愿意接受该规范的约束,没有被排除适用的任意性法律规范,就当然对法律赋予排除权而放弃排除权者发生拘束力。

② 王保树:《公司法任意性法律规范适用的留意点》,《国家检察官学院学报》2011年第1期。

于违反程序性强制规范作出的决议,属于程序瑕疵的决议,视瑕疵程度不同可分别定为决议不成立、决议可撤销和裁量驳回。就实体性的强制规范而言,违反实体性强制规范必然导致对相关利害关系人实质权利的侵犯,理应判定为无效行为。与此相应,对于违反实体性强制规范的决议,属于内容瑕疵的决议,更严格地说,属于内容违法的决议,应认定为无效。因此,股东大会决议内容合法实质上就是要求决议内容不得违反公司法的实体性强制规范。即使存在违反任意性规范的决议被视为无效的个别情形,但最终也是归因于对实体性强制规范的违反而造成的法律后果。如现行《公司法》关于允许公司在法律规定的股东大会职权之外由章程规定其他职权,即属于任意性法律规范的范畴。"其他职权"理应理解为法定职权外的职权,"法定职权"应理解为法律规定公司特定机构必须行使的专属职权,其相关规定属于强制性法律规范的范畴,因而"其他职权"不应包括对法定职权内容或归属的改变。如果章定职权改变法定职权内容或归属,既违反了设定该任意性法律规范的本意,也违反了设置法定职权的实体性强制规范(因为法定职权的效力是与职权内容或归属相关联的),将导致章定职权无效的,股东大会依据这种违法的章定职权所作出的决议自然无效。

至于违反公司法基本原则作出的股东大会决议是否属于内容违法的决议,其效力如何,则需要进一步探讨。为此,涉及的首要问题是公司法应遵循哪些基本原则,以及公司法的基本原则是否属于公司法的强制性规范。就公司法基本原则的范围而言,理论上莫衷一是,但无论如何,对于股东平等原则和股东有限责任原则作为公司法的基本原则,学界并无争议。以下就这两个基本原则展开分析。

1. 股东平等原则

该原则是指股份公司对股东按其持有的股份数应给予比例上的平等对待。股东平等原则源于股东资格,即因股东持有公司股份而取得的法律地位,而非源自股东的权利本身。股东的法律地位应平等,但其权利内容往往不同。如优先股的股东,其盈余分配和剩余财产分配虽优先于普通股股东,但无表决权;此两类股东的权利虽然不同,但与股东平等原则无关,即"不同股不同权";反之,相同股份的股东之间,以及同次发行的无表决权的优先股股东之间的权利相同，即"同股同权"。此外，"同股同利""一股一权"等均是股东平等原则逻辑上的体现。股东平等原则适用于股东和公司之间。因为，股东平等原则源于股东持有公司股份的地位，股东行使股权的对象即为公司，故只存在公司处理股东地位是否平等的问题。当然，股东平等原则也有例外，如股东表决权的限制、复数表决权等。①

违反股东平等原则的判定标准有两点：一是要有对股东不公平的处理事实存在。所谓不公平的处理，是依客观的标准对个别情形进行判定，而非以公司主观的因素，如故意或过失、是否知情等加以判断。一般言之，是否违反股东平等原则，形式上较易判定，如排除部分股东之表决权，盈余分派或新股认购权未按股份比例等；但实质上认定较难，如公司减资的决议以一定比例（如十比一）注销股份，若某股东仅拥有十股以下，则完全排除其股东资格，此为实质上不平等的事实。二是不公平的处理既无法律、章程上的依据，又无客观公正理由或股东的同意。就我国现行《公司法》而言，股东平等原则的例外规定，包括公司持有本公司的股份无表决权、表决权行使之回避等。② 至于公司章程，原则上不得设定股东平等原则的例外，除非在法律允许的情形下。原因在于：股权的存在及变动不应仅存于当事人之间，还应使公司后加入的股东以及外部人能够及时、准确地了解股权受限或变动情形的存在。股权的内容、归属及现状如何，应有能从外部加以识别的表征，使股权关系透明化。从立法技术而言，股权只有通过法定才能明确其统一的内容与基本规则，便于公示。③

值得注意的是，法律本身或授权章程所规范的股东平等原则的例外情形，大多属于立法政策上的考量，或为保护小股东及公司利益而设，其

---

① 也有学者认为：股东平等原则分为形式平等和实质平等，其形式平等即股权平等，包括一股一表决权等内容；其实质平等则要求对股权平等进行限制，使股东之间保持实质性的公平待遇。参见汪青松、赵万一：《股份公司内部权力配置的结构性变革——以股东"同质化"假定到"异质化"现实的演进为视角》，《现代法学》2011 年第 3 期。依此逻辑，表决权限制和复数表决权并非股东平等原则的例外，而是股东平等原则的实质化。

② 随着互联网科技的崛起和国内资本市场的多元化，基于保障原始股东的公司控制权和拓宽公司融资渠道的考量，对拥有多个表决权的复数表决权股的现实需求日渐凸显。比如国美电器控制权争夺案和小米集团香港上市案就反映了复数表决权股缺失的现实问题。因此，有必要借鉴发达国家（地区）的立法经验，将复数表决权股纳入公司法之中，并设置合理的约束机制和配套措施，以满足资本市场的现实需求。

③ 朱慈蕴、沈朝晖：《类别股与中国公司法的演进》，《中国社会科学》2013 年第 9 期。

设定标准如何？对此，德国学者依股权的作用将其分为主权利与辅权利两类，股东的主权利多属具有实质内涵的权利，包括表决权、盈余或剩余财产分配请求权、新股认购权等，主权利可依法律或章程排除（如无表决权股或表决权行使回避之规定）或限制（如按比例分配盈余或认购新股等）。反之，股东的辅权利则属辅助主权利实行的权利，如股东的查阅权、股东大会的出席权、质询权等，此类权利为各股东所单独、平等行使，不以其出资多寡或比例来考量，公司立法对各种辅权利不得作不同的规定，章程对股东不得作出不公平的对待。①

除法律及章程外，公司是否可依其他正当理由排除股东平等原则的适用？对此，通说认为，股东在相同条件下应予平等对待。所谓"相同条件下"是指在无客观公正理由情形下，公司不得对股东作不平等的对待。换言之，公司具备客观公正理由时，可以进行不平等的处理，即公司不得无客观公正理由而肆意对待各股东。所谓"客观公正理由"是指公司对股东所作的不平等或差别待遇是为了公司利益，而非为个别股东或第三人的特别利益。

此外，公司对股东平等原则虽有不公平的处理存在，但该处理方式已为受平等原则保护的股东同意的，其瑕疵可得以矫正。换言之，股东对该处理方式有赞成或反对的自由；基于此，股东平等原则因属于公司本质上的重要原则，而原则上具有强制性，仅在股东同意的情形下出现例外。应注意的是，股东行使同意权并非毫无限制，股东大会不得概括地作出放弃全部平等权利的决议，仅能由股东针对个案具体地进行意思表示。

至于违反股东平等原则的决议，其效力如何？学界观点不一，有学者认为，股东平等原则属于强行法规范，决议内容违反股东平等原则，应为无效。② 其理由不外乎是，股东平等原则是涉及股份公司本质的强行性规定，决议内容违反该原则，便构成实质性违法，理应无效。也有学者认为，股东平等原则具有任意法的性质，除股东大会决议一般性、持续性地变更或违反由股东平等原则所派生的诸种强行性法律规定属于当然无效

---

① 刘渝生：《公司法制之再造——与德国公司法之比较研究》，新学林出版股份有限公司，2005，第305页。

② ［韩］李哲松：《韩国公司法》，吴日焕译，中国政法大学出版社，2000，第419页。

外,对于其他产生股东间不平等待遇的措施无确认其为当然绝对无效的必要,应理解为相对无效。若一般性、持续性变更或者排斥股东平等原则所派生的诸种强行性规定,则任何股东均可提起股东大会决议无效确认之诉;若暂时性、具体地变更或排斥此种强行性规定,则因此而蒙受利益损失的股东可提起股东大会决议撤销之诉。① 此外,德国的判例和学说均认为,股东平等原则的确立,旨在确保股东地位不受公司内部不公平的侵害,违反股东平等原则的决议,既然属于公司内部的侵害行为,故大多属于违反私益的法律行为,为求法律关系的稳定性,应赋予股东撤销权;仅少数例外情形为无效,如决议将股东平等原则完全排除即属此类,因为此情形产生的结果是董事肆意专断,与股份公司民主的本质相悖。② 事实上,股权依其可否受到法律之外的剥夺或限制,可分为固有权和非固有权。违反股东平等原则的决议一般是对个别或少数股东产生不利,既有可能造成对股东固有权的侵害,也有可能造成对股东非固有权的侵害;固有权一般具有强行法性质,如股东查阅权、股东大会出席权等;非固有权一般具有任意法性质,如盈余分配请求权、剩余财产分配请求权等。若仅涉及固有权侵害的决议,当属无效;若涉及非固有权侵害、并无侵害公益的决议,为求得法律关系的稳定性和对当事人意思的尊重,则视为可撤销为宜。

需要指出的是,违反股东平等原则所作出的股东大会决议,其实质也是股东大会提案的内容违反了股东平等原则。因为在决议形成过程中的三项意思表示中,股东大会决议属于一种量化的意思表示③,在提案不违反股东平等原则的前提下,作为对股东投票统计结果的决议就不可能违反股东平等原则。

2. 股东有限责任原则

公司债权人只能针对公司的财产行使债权,而不能针对股东的财产

① 刘俊海:《股份有限公司股东权的保护》,法律出版社,1997,第45页。
② 刘渝生:《公司法制之再造——与德国公司法之比较研究》,新学林出版股份有限公司,2005,第310页。
③ 在股东大会决议形成过程中,大会提案、股东投票和投票结果统计是三项先后相互衔接的意思表示,但只有大会提案这项意思表示才有实质性内容,股东投票和投票结果统计这两项意思表示都已经量化了,没有实质性的内容。参见石纪虎:《股东大会决议内容瑕疵的法理分析——兼论股东大会提案审查的重要性》,《西南政法大学学报》2008年第3期。

行使债权,从而形成了股东的有限责任。股东责任的有限性使得公司形式有别于具有法律人格的其他组织形式。作为公司的法律特征,有限责任是公司具有法人资格的前提,二者均具有资产区分功能。倘若说法人资格允许公司拥有自己的财产,并将公司财产作为公司债权人优先于股东或经营者的债权人受偿的浮动担保,而有限责任将股东的个人财产预留给股东自己的债权人。于是,法人资格和有限责任共同构筑了一项默示法律规则:股东个人财产成为股东债权人的担保财产,公司财产则成为公司债权人的担保财产。① 这种权利义务配置方式提高了公司及其股东两类财产的担保价值,从而使公司及其股东总体融资成本得以降低。此外,有限责任原则使得公司经营风险由股东转向债权人,从而把债权人变成了公司经营的监督者。这样,相对于股权分散的众多股东来说,会产生更好的监督效果。

　　股东有限责任的基本内涵就是股东以其出资额为限对公司承担责任。可见,股东的有限责任是直接针对公司而言的,而不是直接针对公司债权人而言的。究其原因,就股东缴纳出资从而认购股份来说,股东将直接和公司发生联系而不是直接与债权人发生联系,仅在特定情形下,股东才对债权人直接负责。如根据现行《公司法》规定,股东滥用法人资格或有限责任导致公司法人格被否认的情形出现,公司债权人可以越过公司直接向当事股东要求其承担责任;又如,根据《最高人民法院关于适用〈中华人民共和国公司法〉若干问题的规定(二)》(简称《公司法司法解释二》)第十八条规定,公司在清算时,违反法定程序,或者未经合法清算就被注销,损害债权人利益的,债权人有权主张作为清算义务人的相关股东承担责任。公司法设定的股东有限责任制度是股份公司的本质性要求,属于强制性法律规定。违反股东有限责任原则而作出的股东大会决议,其实质也是股东大会提案的内容违反了股东有限责任原则,属于内容违法的决议,应认定为决议无效。

　　根据上文分析,股东大会决议内容的合法性,取决于股东大会提案内

---

　　① 〔美〕莱纳·克拉克曼、亨利·汉斯曼等:《公司法剖析:比较与功能的视角》,刘俊海、徐海燕等译,北京大学出版社,2007,第11页。

容的合法性。一般而言，股东大会决议内容的瑕疵，均以股东大会提案内容存在瑕疵为前提。鉴于股东大会决议内容合法性对提案内容合法性的依赖，为提高公司股东大会的工作效率，防止内容有瑕疵的大会提案被通过，必须事先强化对大会提案内容的合法性审查。

根据我国现行《公司法》规定，股东大会提案依提案人不同可分为董事会提案、监事会提案、股东提案。我国公司立法对前两种提案的程序未作规定，但根据董事会和监事会的法律地位，应理解为，董事会和监事会为召集人的，由自己决定将提案列入议案；其他主体为召集人的，二者一旦提出议案，召集人即应将提案列入议案。同时，我国立法对董事会和监事会提案内容也未作出明确要求。但对股东提案内容作出了法定的适当性要求，即股东提案（包括临时提案）的内容应当属于股东大会职权范围，有明确议题和具体决议事项，并且符合法律、行政法规和公司章程的有关规定。[①] 这一规定实际上将股东大会的决议事项限定在公司法和公司章程的规定范围之内。因为我国现行《公司法》对股东大会职权范围作出明确规定，并且设置的法定职权均属公司内部事务；此外，现行《公司法》也赋予公司章程可以创制股东大会法定职权之外的权利，但章程所创设的职权也仅限于公司的内部事务。况且，无论法定职权还是章程所创设的职权均无法对公司内部事务作出充分列举。如果公司事务不属于公司股东大会的法定职权和创制职权范围，也不属于董事会的职权范围，则公司事务将面临无法决策之窘境。此外，这种限制还可能导致股东无法借助提案来说服其他股东采纳有关公益性议题（如公司应注意环保、多雇佣残疾人等）的建议被排除股东大会的审议之外。在美国，股东提案内容可以涉及公司的社会责任，股东提案权已成为美国公司履行社会责任的重要利器。[②] 我国现行《公司法》也规定了公司的社会责任，与之相适应，应该允许公司股东提出与公司相关社会责任的提案。因此，股东提案内容不

[①] 现行《公司法》第一百零二条第二款规定：临时提案的内容应当属于股东大会职权范围，并有明确议题和具体决议事项。2022 年修订的《上市公司股东大会规则》第十三条规定：提案的内容应当属于股东大会职权范围，有明确议题和具体决议事项，并且符合法律、行政法规和公司章程的有关规定。

[②] 肖和保：《股东提案权制度：美国法的经验与中国法的完善》，《比较法研究》2009 年第 3 期。

仅包含内部事务,还应包含有必要由股东大会决议的外部事务。当然,提案内容中无论是内部事务还是外部事务,均不得违反法律的强制性规定。为防止提案人尤其是股东提案人的提案内容违法或违章,或者是为了一己私利而浪费公司会议资源,增加会议成本,有必要设置一项提案内容的审查制度。至于提案内容的合法性审查,我国没有关于此方面的任何程序性规定。尽管2022年修订的《上市公司股东大会规则》规定,股东大会通知中未列明或超出股东大会职权范围、没有明确议题和具体决议事项、不符合法律法规和章程规定的提案,股东大会不得表决和作出决议;现行《公司法》第一百零二条也对股东临时提案内容的要求作出规定。这些规定在一定程度上反映了立法者对提案内容审查的制度关怀,但可操作性不强,并对提案内容的审查主体以及救济机制缺乏规定,从而造成公司实践中一些不必要的提案进入股东大会议程,影响了股东大会效率。基于确保公平、节约成本、提高效率的考虑,对审查主体,可以规定股东大会的召集权人才有资格对提案内容进行审查,但为避免召集权人审查自己提案内容,可以采取回避审查原则;对审查标准,可以依据现行公司法律规范体系和公司章程来审查提案内容是否合法。此外,可以借鉴国外立法有关设置提案强制排除标准的做法,使审查主体审核时有据可依,减少盲目性。结合我国公司实践,可以选择作为强行排除提案的理由主要包括提案内容违反法律法规、相同内容提案在过去一定期限内曾在股东大会上遭到否决或支持该提案的股东人数过少、提案内容过于含糊或不明确等。就提案审查的救济机制而言,提案要由召集人公告和列入会议议程。提案人提出提案后,召集人不列入会议议程,或不进行审核,或审核后作出不列入会议议程的决定,而股东对此不服时,应该赋予股东一定的法律救济渠道,从而制衡召集权人的行为。但遗憾的是,我国现行法律对此缺乏相应的规制。纵观各国的公司立法和实践,可采用行政救济和司法救济途径。所谓行政救济是指提案人不服召集权人决定,可以向证券受理机构提出行政申请,由其做出行政裁决。所谓司法救济是指对于是否应将提案列入股东大会议程的争议,股东、公司、利害关系人可以向法院起诉解决。

需要注意的是,股东大会提案,无论实质性提案还是程序性提案(如表决的顺序、监票人的选举、续会、主持人的选任等),其内容均须合法。

但程序性提案,可由董事会、监事会或股东在股东大会上提出,当场表决,无须会前公告。

(二)决议内容是否违章

1. 公司章程的性质

公司章程的性质与公司法的性质密切相关。公司章程性质问题的核心就是公司章程享有多大的自治空间,这直接关系到公司法是以任意法为主还是以强行法为主。当公司法强调公司自治时,公司法就具有较强的私法性或者任意性,则公司章程具有极大的自治空间;当公司法要求公司他治时,公司法就具有较强的公法性或者强制性,则公司章程的自治空间非常有限。而关于公司章程性质的不同观点,反映了对公司法属性的不同认识。

(1)契约论。公司章程契约论主要为英美法系学说和判例所主张,其最初源于经济学家提出的公司契约理论。[①] 契约论认为,公司章程是公司与其成员之间的一种协议,也是公司成员与成员之间的一种协议,也可以将公司比喻为一系列合同束。[②] 依据契约理论,当事人不得擅自对章程作出实质性变更,所有的公司意思决定均须经全体股东的一致同意方能产生效力。但后来由于股份公司的中小股东的"理性冷漠"而不愿参与股东大会,导致契约理论难以贯彻,于是,多数决原则得以认可。但对于章程为契约性质的观点一直没有改变。仍然将公司章程视为公司、董事和股东相互之间的契约。

(2)自治规范论。在大陆法系国家,公司章程一般被视为公司内部的自治法规。认为公司章程不仅约束制定章程的设立者或者发起人,同时约束公司机构和新加入的公司组织者。因此,章程对于已经成为其成员者,都具有普遍的约束力;章程不管其成员的个别意思如何,都可以根据其成员的一般意思而变更;社员的变动或者股份的转让也不影响章程的法规性质。[③]

---

① [美]汉密尔顿:《公司法概要》,李存捧译,中国社会科学出版社,1998,第4页。
② 胡果威:《美国公司法》,法律出版社,1999,第152-153页。
③ [韩]李哲松:《韩国公司法》,吴日焕译,中国政法大学出版社,2000,第76页。

（3）宪章论。公司章程宪章论认为公司章程是对公司内部相关者权利、义务规范的宪章性书面文件。不管是把公司章程说成是合意结果的契约，还是把公司章程说成是在强行法指导下的"标准化"契约条款，显然都是虚伪的。[①] 该理论认为，随着公司规模和社会作用的扩大，公司当事人未必具有完全洞悉和衡量现实与未来利益关系的能力，因而会被控制股东（内部人）加以利用，以实现其不正当利益需求。所以把公司章程作为公司的宪章，强化国家干预，将股东对于公司章程的制定和修改等权利限制在较小的范围，可以很好地保护处于弱势地位的公司当事人权益。现行《公司法》对章程大量条款的强制性规定便是明证。

（4）权力法定论。权力法定论为部分英美法系国家所主张，如新西兰和加拿大。该理论认为公司章程完全出于法定而不是参与各方之间的合同，它依法规定公司董事、管理者、股东等参与者之间的权力分配关系，而不同于契约说所强调的章程的合同性和权利本位。[②]

总结来说，章程契约论过分强调公司法的授权规范而忽视强行规范的特性，不能有效地对公司董事、管理层人员的"违章"行为做出处理，从而难以为大多数股东提供救济。诚如汉密尔顿教授所言："系列契约说并没有道出公司章程的全部真相。"[③]需要注意的是，该理论在主张公司章程为契约的同时，也强调了章程为组织契约，有别于民法理论的普通契约。公司章程宪章论和权力法定论以权力法定为基石较好地为少数股东提供了救济机会，保护了其利益。但它们对章程的要求显得过于苛刻，因为即使在英美法系规定了章程细则的情况下，也不可能将公司各方当事人的权利义务统统囊括而无一遗漏，实际上，这种情况无论是在过去还是将来都是一件难以完成的任务。比较而言，公司章程的自治规范论既强调了公司章程的自治性，在一定程度上体现了公司当事人的意思自由，同时兼顾了公司章程的法规性质，对公司内部法律关系的当事人（包括股

---

① ［美］M. V. 埃森博格：《公司法的结构》，张开平译，载王保树主编《商事法论集》第3卷，法律出版社，1999，第419页。

② 温世扬、廖焕国：《公司章程与意思自治》，载王保树主编《商事法论集》第6卷，法律出版社，2002，第8页。

③ Robert W. Hamilton. The Law of Corporations,4th Ed. （Hartford:West Publishing Co, 1996），p. 8.

东、董事、监事、高管以及公司机关)具有约束力，能够较好地规范公司各方的利益。此外，章程作为自治法规的效力还体现在适用法方面，只要章程未违反强制性规定，就具有优先适用的效力。可见，自治规范论较为合理。需注意的是，公司自治不应该是公司自由、任意程度的管理自我，而应是在国家法律规范下的自我调节。公司章程应该既能够为公司当事人主张权益提供依据，又可以为国家权力的适当介入寻求契合点。

2. 决议内容违反章程的效力评析

有关股东大会决议内容违反章程的效力问题，存在三种不同的立法模式。

(1)可撤销模式。该立法模式以日本、韩国为代表。《日本公司法典》第八百三十一条规定了股东大会决议的撤销之诉，其中就包含决议内容违反章程的情形。之所以将该情形纳入可撤销之列，原因在于：基于章程是公司内部的自治规则，可由股东大会决议变更，并无赋予法令效力的必要。[①]《韩国商法典》也同样将决议违反章程的情形作为可撤销的事由。之所以作如此规定，其原因在于：章程是依据公司成员即股东们的合意规定的规范，股东大会决议也具有股东合意的性质，因此，股东大会决议违反章程具有违反原合意的性质。与成员提起异议无关，不能治愈，这从瑕疵的性质上不能不说是非经济性的效果。为了提供与瑕疵性质相符的效果，将决议内容违反章程认为可撤销事由。[②]

(2)无效模式。该模式将决议内容违反章程赋予违反法令相同的效力，而未加以区分。

(3)折中模式。该模式以德国为代表。《德国股份法》第二百四十三条原则上认定股东大会决议(包括程序和内容)违反法律或章程均可成为可撤销的事由。该法第二百五十六条又规定，股东大会在确认年度账目时，违反章程有关规定的，其作出的确认年度账目的决议无效。可见，德国公司立法将内容违法章程的决议效力规定为"原则上可撤销，例外为无效"。

我国现行《公司法》第二十二条将内容违法的决议确定为无效决议，

① ［日］北泽正启：《修改股份公司法解说》，税务经理协会，1982，第 61 页。

② ［韩］李哲松：《韩国公司法》，吴日焕译，中国政法大学出版社，2000，第 416 页。

而将内容违章的决议确定为可撤销决议。可见,我国公司立法对决议内容违法和违章的不同效力性规定,主要基于内容违章与违法对决议影响程度不同的考量。内容违法是违反实体性规范,属于决议实质瑕疵,因而被赋予无效的法律后果;而内容违章是违反公司内部规则,不应纳入决议实质瑕疵范畴,因而被赋予可撤销的法律后果。

本书认为,公司章程是规范公司、股东与公司机构的基本行为准则,也是确定股东实体权利义务的基本依据,故决议内容必须符合章程规定,否则构成决议效力瑕疵。然而,决议内容违章不同于违法,不应该作出无效的处理。因为公司章程是规范公司内部关系的自治性规则,而非适用于外部人的法律,对于内容违反章程的股东大会决议比起内容违反法律的股东大会决议更应当尊重股东自治和公司自治。[1] 因此,将决议内容违章确定为可撤销较为合理。当然,若决议内容既违反章程又违反法律的效力性的实体强制规范,自然属于决议无效之列。

(三)决议内容是否显失公正

内容显失公正的决议主要表现为滥用多数决和利用不正当手段形成的决议。由于资本多数决的滥用在股东大会决议的形成过程中较为常见,以下仅就滥用多数决对股东大会决议效力的影响进行分析。

如前文所述,资本多数决是股份有限公司议事和决策的基本规则。资本多数决的决议规则使持有多数股份的股东能够直接或间接行使其实质性支配权,本质上为控制股东提供了一种制度上的利益。同时,在资本多数决的公司权力架构中,也隐含着一种控制股东滥用多数决、获取额外利益的道德风险。资本多数决既是股东民主的要求,也是公司效率的需要。其正当性依赖于变动的多数派,才能期望股东大会的决议符合公司利益。为避免多数决原则的滥用产生的危害后果,各国立法和判例对多数决原则的运用进行了限制。

1.滥用多数决原则的法理基础

(1)禁止权利滥用原则。从形成背景来看,禁止权利滥用原则的思想

---

[1]　刘俊海:《股份有限公司股东权的保护》,法律出版社,1997,第301页。

理论基础在于法权观念的变迁，即权利行使绝对自由的根基受到挑战，权利的社会性或公共性得以凸显。禁止权利滥用原则要求权利人在不损害他人利益和社会利益的前提下，追求自己的利益，从而在当事人之间的利益关系和当事人与社会之间的利益关系中实现平衡。权利不得滥用，现已成为私法上权利正当行使的原则。但这项原则延伸到公司法中，经历了由股东表决权行使的绝对自由向相对自由的嬗变。现代公司立法和判例均要求股东在追求自己利益的同时，应当接受不损害公司和其他股东利益的限制。

（2）诚信原则。无论大陆法国家还是英美法国家，对诚信原则所具有的独特作用都给予充分的重视和强调，在立法上将其确认为一项基本原则。如《法国民法典》《德国民法典》《瑞士民法典》以及《日本民法典》均规定了当事人在行使权利和履行义务时应遵循诚实信用的原则。诚信原则在民法领域中享有"帝王条款"之盛誉。究其本质，诚信原则是将道德法律技术化的法律规范，其效力贯穿于全部民法的始终，成为克服法律局限性的工具，以及进行法律推理的权威性的出发点。[1] 一些国家的判例也承认诚信原则可以适用于股份有限公司中，如法国判例认为"为确保决议的有效性，股东应有充分的诚实"[2]。

（3）公序良俗原则。公序良俗现已成为支配私法领域的一项重要原则，为大陆法系各国民法典所确立。该原则的内涵是指民事主体的行为应当遵守公共秩序，符合善良风俗，不得违反国家的公共秩序和社会的一般道德，是社会存在和发展所需要的公平和正义。各国民法典均明确规定违反公序良俗的法律行为无效。有些国家在公司立法中也吸收了该原则，如《德国股份法》第二百四十一条第四款规定，股东大会决议内容违反善良风俗者无效。但德国公司法学者认为，股东大会决议内容违反公序良俗的情形很少，最主要源于学界和实务界对公序良俗的违反采用严格的解释，必须要求股东大会决议已达到"强取豪夺"的严重程度方才符合。虽然多数国家还没将公序良俗确立为公司法的基本原则，但公司法作为

---

① 钱玉林：《缔约过失责任与诚信原则的适用》，《法律科学》1999 年第 4 期。
② ［日］丰崎光卫：《股份有限公司法上多数决的滥用》，《法学协会杂志》1940 年第 58 卷第 3 期。

民法的特别法,对公序良俗原则仍有适用的余地。违反公序良俗的行为在本质上应属于禁止性规范的调整对象,所以通常情况下,决议内容违反公序良俗的同时,往往也构成决议内容违反强行法的明文规定。当法律无明文规定时,依当时的社会情况判断,决议内容如有悖于公共秩序或善良风俗的,构成多数决滥用。[①]

2. 滥用多数决的判定

滥用多数决,一般是指多数股东为了自己或第三人的利益,操纵股东大会通过不公正的决议,严重侵害公司和少数股东的利益。此处的"多数股东"往往指的是"控制股东"。只有控制股东才可能滥用多数决。单个股东可以成为控制股东,一些持有较少股份的股东之间的联合体也可以被视为控制股东,只要其表决权的共同行使能够实际控制公司。控制股东滥用多数决的目的是追求某种利益,因此主观上必须是故意的。控制股东可以通过行使表决权来直接控制公司,也可以通过控制或影响董事会等公司决策机构的决策来间接支配公司。控制股东滥用多数决须导致股东大会决议内容的不公正。而决议内容是否"公正",是判断多数派股东有无滥用多数决的关键,应以决议的必要性以及比例原则,即比较受害的少数派股东的利益与得利的多数派股东的利益是否与各自持股比例相当来判断,如同意付给管理人员过高的报酬、批准对公司明显不利的合并或营业转让等方案、对持有同类股份的不同股东实行不同待遇的盈余分配、以特别优惠的价格对一部分股东或者关系户发行新股等等。

依据权利滥用理论,资本多数决的滥用实质上就是民事权利的滥用。控制股东滥用多数决造成公司利益或中小股东利益损害,依据民法禁止权利滥用原则应对控制股东表决权行使加以限制。而民法的禁止权利滥用是指民事权利在合理范围内的行使,相应地,在公司法中的滥用多数决,并非指控股股东所实施的所有对中小股东不利的行为都为滥用多数决的行为。正如有学者所言,在同时具备下列三个条件的情况下,才能认为是资本多数决的滥用:一是给少数股东造成的利益损害确实为实现全体股东利益所必须;二是控制股东与少数股东的利益均受损,且受损程度

[①] 钱玉林:《滥用多数决的股东大会决议》,《扬州大学学报(社科版)》2007年第1期。

与各自持股比例成正比；三是在实现股东大会决议事项目的可选手段中，选取了少数股东利益受损程度最低的一种手段。[①]

3.滥用多数决决议的效力

关于滥用多数决原则所作成的股东大会决议的效力，在学说上存在不同观点。观点一认为，股东大会决议并无具体违法，因为多数派股东牺牲公司或少数派股东，以追求自己或第三人利益所为实质上不当的决议，不论股份有限公司的具体规定或其精神为何，都不认为有违反的地方，所以应认为有效。[②] 观点二认为，如认定股东大会决议的作成是因多数派股东滥用多数决的结果时，应认为该决议无效。因为此时可以认为该决议的内容违反了公序良俗原则而无效。[③] 国内也有学者持该种观点，如钱玉林教授认为，由于多数决的滥用违反了禁止权力滥用和诚实信用等原则，在性质上属于违反了强行法规范，依照民法上权力滥用的法理，权利的行使如果属于法律行为，则当权利的行使构成权利滥用时，该行为不产生法律效力，所以应当认定决议无效。[④] 观点三认为，滥用多数决所为的决议内容的违法性，不宜以同一方式处理，应依具体个案决定为可撤销决议或无效决议。[⑤] 观点四认为，多数决的滥用仅是多数股东的个人动机，应属于存在特别利害关系，依照特别利害关系人参与决议处理，为可撤销决议。[⑥]

笔者认为，滥用资本多数决实质上是控制股东对其手中表决权的滥用，这种滥用造成公司利益或其他股东利益受损，公司立法就应该给予其否定性评价。这种否定性评价同样适用于滥用资本多数决所形成的股东大会决议。如前文所述，作为民法基本原则，禁止权利滥用在公司法中仍具有适用的空间，而事实上，我国在公司立法中就体现了该项原则的要求。如我国现行《公司法》第二十条规定，公司股东应当遵守法律、行政法规和公司章程，依法行使股东权利，不得滥用股东权利损害公司或者其他

---

① 刘俊海：《股份有限公司股东权的保护》，法律出版社，2004，第528页。

② ［日］石井照久：《股东大会决议的瑕疵》，《法学协会杂志》1933年第51卷第1期。

③ ［日］田中诚二：《公司法详论》（上），劲草书房，1982，第516页。

④ 钱玉林：《股东大会决议瑕疵研究》，法律出版社，2005，第256页。

⑤ ［日］加藤良三：《股份有限公司法》，中央经济社，1984，第394页。

⑥ ［日］大隅健一郎、今井宏：《商法》，有斐阁，1959，第226页。

股东的利益。公司股东滥用股东权利给公司或者其他股东造成损失的，应当依法承担赔偿责任。显然，这一规范属于强制性规范，并且属于效力性强制规范的范畴。依据现行《公司法》第二十二条有关决议内容违反法律、行政法规无效之规定，滥用资本多数决形成的决议虽然属于内容不公正的决议，但同时也是内容违法的决议，应当为无效决议。但是，决议被认定为无效，并非无须承担相应的法律责任，如果控制股东的滥用行为造成公司或其他股东利益损失的，还应承担赔偿责任。正如有学者所言，"控制股东从公司及小股东身上不公平地转移价值的，可能还要承担事后责任"[①]。至于赔偿数额，应该以因控制股东的滥用行为造成的少数股东所持股份价值减少的部分为基准，而非允许少数股东借此机会抽回出资。

---

① 〔美〕莱纳·克拉克曼、亨利·汉斯曼等：《公司法剖析：比较与功能的视角》，刘俊海、徐海燕等译，北京大学出版社，2007，第 152 页。

第三章　股东大会决议效力的范围分析

作为团体法律行为，基于多数决而产生的股东大会决议应当对哪些人员产生法律上的约束力？股东大会决议的效力范围如何界定？这些是在分析股东大会决议效力影响因素之后尚需进一步探讨的问题。

一、股东大会决议的生效时间

股东大会决议的生效时间就是决议产生法律约束力的起算时间，也是研究股东大会决议效力范围的前提。有学者认为，股东大会作成会议决议，反映了公司的"意思"并产生形式拘束力，却并未包含"表示"的因素，因而未必具有实质拘束力。只有将会议决议送达股东，会议决议的效力才及于公司股东。其理由是，如果公司未将会议决议的形成告知股东，股东也无从知晓会议决议的存在和内容，也就无法要求股东遵守股东会议决议。即使会议决议仅仅是赋予了股东某种权利，如果股东无从知晓其权利的存在，也就无从论及股东主张权利的问题。在这种情况下，会议决议赋予股东的权利，不仅无法实现，还将变为公司逃避义务的借口。[①] 因此，会议决议在送达相对人之前，主要具有形式拘束力，只有在送达相对人之后，才产生实质拘束力。也就是说，未送达的会议决议，属于未生效的会议决议，不存在撤销决议或认定决议无效或决议不成立的问题。显然，上述观点将送达作为决议生效时间，是将决议的拘束力建立在股东知晓决议内容的基础之上。但也有学者从团体法的视角进行分析，认为决议是公司作为团体整体的意思形成，从决议作出之日起，即已完成公司的整体意思表示。只要决议的程序和内容合法，其决议的内容即对所有

---

① 叶林：《股东会会议决议形成制度》，《法学杂志》2011年第10期。

团体会员具有拘束力,不管作为团体成员的股东是否参加股东大会,是否投了赞成票,是否最终看到决议公告。[①]

　　股东大会决议究竟是在作出之时生效,还是自送达之时生效?本书较为认可决议自作出之时生效的观点。本书认为,股东大会决议生效时间的确定,取决于股东大会决议形成对股东的价值所在。事实上,股东大会决议形成的核心要义是在会议召开前的法定时间内获得会议通知、在股东大会上依法行使质询权、表决权等法定权利。股东表决后,若决议内容不合其意,股东可以向法院提起决议无效、决议可撤销或决议不成立之诉进行救济,而不是通过送达生效的制度给予救济。对于未参会的股东,他们可以通过查询决议记录知晓决议结果。决议自作出之时生效,还可以有效避免股份公司股东分散所造成的决议送达时间不一的窘境。

二、股东大会决议的内部效力

　　从法解释学的角度分析,股东大会作为公司的权力机构,具有选举董事组成董事会的职权,至于董事人选是否必须为公司董事,大致有三种立法例:一是董事必须具有股东身份,如英国、法国;二是不要求董事必须为股东,而且不允许公司禁止非股东充任董事,如美国、日本等;三是原则上不要求董事必须为股东,但允许公司以章程规定董事必须具有股东资格,如德国。尽管各国(地区)立法对董事会的组成规定不一,但无论如何,董事会作为公司执行机构,具有执行股东大会决议的义务。事实上,股东大会决议有时也会对董事会成员的利益产生直接影响,如有关修改董事报酬的股东大会决议。有鉴于此,股东大会决议应当对董事会产生法律约束力。而董事又是决议的具体执行者,应当是股东大会决议的直接主要约束对象,董事具有执行决议内容的义务,如果违背忠实义务和勤勉义务导致公司或其他股东利益受损,可能会因此承担责任。

　　既然股东大会决议对董事会具有拘束力,那么在股东大会决议与董事会决议存在冲突时,董事会何去何从?这值得探讨。该问题表面上是有关决议事项的范围,实质上关涉股东大会与董事会的权限界定问题。

---

① 李志刚:《公司股东大会决议问题研究——团体法的视角》,中国法制出版社,2011,第140页。

对于两机构的权限界定，各国公司立法模式各异。有些国家奉行"董事会本位主义"，强调董事会的权限，限制股东大会的权限，如美、英、法等国即属此种立法模式。有些国家则奉行"股东大会本位主义"，强调股东大会的权限，限制董事会的权限，如德、日、韩等国属于此种立法模式。无论是"董事会本位主义"还是"股东大会本位主义"，其理论渊源都可追溯到20世纪30年代初，由伯利和米恩斯通过大量实证研究所提出的著名的"伯利一米恩斯假说"，即"公司所有权与经营权相分离"，后来该论断被学界奉为现代公司法的一项基本原则。

事实上，公司所有权与经营权的分离，实质是对股东大会与董事会法律地位独立性的认可，并非赋予股东大会或董事会无限权力。因此，各国（地区）大多通过公司立法或章程形式对股东大会或董事会的权限进行限制。如美国《标准公司法》第三十五条规定："除本法或公司章程另有规定外，公司的一切权力都应由董事会行使或由董事会授权行使，公司的一切业务活动和事务都应在董事会的指导下进行。"再如《日本商法典》第二百三十条第十项规定："股东大会以本法及章程所定事项为限，可作出决议。"尽管股东大会与董事会的权限划分表面上有法可依，但要清晰而彻底地界定股东大会和董事会之间的权限，确非易事。正因如此，股东大会决议超越法定或章定权限的情形时有发生，并由此引发股东大会决议与董事会决议的冲突问题。至于如何处理二者的冲突，笔者认为，采用"标准策略"①不失为有效的解决路径。基于公司章程对公司机构的约束力，章程既可授权于股东大会或董事会，也可限权于股东大会或董事会，因此，股东大会或董事会的权限除法定权限外，还包括章定权限。在处理二者冲突时，不妨可设定如下标准：一是股东大会决议事项是否属于其法定或章定的权限。若属于法定权限，决议有效；若属于章定权限，决议效力应视具体情形而定。二是若股东大会决议属于其章定权限，同时也属于董事会的章定权限。此时，需进一步判定此项权力是否为董事会的专属

---

① 原指授权裁判者事后就代理人是否实施损害被代理人利益的决策行为或交易行为作出准确认定的一般标准，是约束代理人的一种规制性策略。参见［美］莱纳·克拉克曼、亨利·汉斯曼等：《公司法剖析：比较与功能的视角》，刘俊海、徐海燕等译，北京大学出版社，2007，第11页。在此引申为授权裁判者事后就股东大会决议是否违法违章作出准确认定的一般标准。

权。若为董事会的专属权（如公司事务的管理权），除非章程作相反的规定，否则，作出的股东大会决议无效[①]；若属于共享权力（如任命增加的董事、对董事会的临时空缺予以弥补及确定公司执行董事报酬的权力等），除非章程授予董事会排他性地享有，否则，股东大会决议应优先于董事会的决议而予以执行[②]。三是若股东大会决议不属于其法定或章定的权限，而属于董事会不能行使法律或章程授予它的权限（如在董事会陷入僵局、无董事、未达到有效的法定人数或董事丧失表决资格时），此时作出的股东大会决议应为有效。这些标准的运用，需要赋予裁判者事后认定股东大会决议是否已经构成违法违章的自由裁量权。

同样，监事会也是公司内部机构，在不实行职工参与制的国家，监事会代表股东利益，其成员一般由股东大会选任（股份公司在发起设立时，可由发起人互选；在募集设立时，由创立大会选任）。在实行职工参与制的国家，监事会同时代表劳方利益，其成员分别由股东大会、职工和工会选任。但无论如何，监事会作为公司经营活动的监督机构，代表股东的利益，自然要受到体现多数股东意思的股东大会决议的约束。事实上，股东大会决议有时也会对监事会成员的利益产生直接影响，如有关修改监事报酬的决议。有鉴于此，股东大会决议对监事会及其成员均具有法律上的约束力。但有学者认为，基于监事会成员系由两部分人员组成，股东大会决议应当只对由其选举产生的那一部分成员具有法律约束力，而对于不是由自己选举产生即由公司职工选举产生的监事没有法律约束力。由于股东大会决议对职工监事没有法律约束力，而监事会又是由两部分监事组成，所以应当解释为股东大会决议对监事会没有约束力。[③] 此外，根据公司内部机构的层级构架，股东大会作为公司权力机构选举产生董事

[①] 若董事会为寻求自身安全，逃避可能发生的责任，而将其权限内的经营管理事务主动提交股东大会决议予以讨论，即使股东大会以此为基础作出决议，也应为无效决议。因为董事会的这种行为显然有悖于公司组织形式的构造逻辑（因为公司形式就是鼓励经营管理权赋予董事会，以避免股东直接治理带来的成本和集体行动问题），也有悖于作为公司经营管理者的勤勉义务，从而导致董事会的无责任经营。

[②] 因为股东大会不得任意剥夺或限制章程授予董事会的权限，唯有通过修改章程的办法，即通过特别决议修改章程以达到对董事会权限予以剥夺或限制的目的。

[③] 石纪虎：《关于股东大会决议效力的探讨》，《政治与法律》2009 年第 5 期。

会,而公司经理等高管人员的选择则由董事会决定。况且,在公司实践中,许多公司经理都由董事会成员甚至董事长兼任,因此,股东大会决议对董事会具有法律约束力,也就当然对由董事会任免的公司经理等高管人员具有法律约束力。

如前文所述,董事等公司高管人员负有贯彻执行股东大会决议的义务。也就意味着,如果董事等高管人员不执行股东大会决议,可能要承担相应的法律责任,包括对公司、股东甚至第三人承担法律责任。如董事及高管人员利用关联关系损害公司利益,董事及高管人员在公司增资时对股东未履行或者未全面履行出资义务、未尽到忠实义务和勤勉义务,董事及高管人员协助股东抽逃出资,董事及高管人员对记名股转让未及时给予办理变更登记造成受让股东因原股东的继续转让而蒙受损失等情形。假如股东大会决议基于多数决原则对上述事项依据法律和章程给予了确定,董事的上述行为就不仅属于违法、违章的行为,也违反了股东大会决议,依据我国公司立法的相关规定①,需要承担相应的法律责任。再假如上述的董事行为是基于董事会决议实施的,出席会议的董事是否承担全部责任？为体现权责分明和权责对应的理念,一般认定,赞成决议的董事应被视为行为人；董事会会议记录并未记载异议的,出席会议的董事应被推定为同意。若认定责任是由多名董事承担,则责任如何分担？对于董事会决议违反股东大会决议而给公司造成损失时的法律责任问题,有学

---

① 如我国现行《公司法》第一百一十二条规定:"董事会的决议违反法律、行政法规或者公司章程、股东大会决议,致使公司遭受严重损失的,参与决议的董事对公司负赔偿责任。但经证明在表决时曾表明异议并记载于会议记录的,该董事可以免除责任。"根据这一规定,董事会决议违反股东大会决议而致使公司遭受严重损失的,参与决议的董事应当承担赔偿责任,同时也对董事责任给予免除的特别规定。现行《公司法》第二十一条规定,董事、监事、高管人员利用关联关系损害公司利益,给公司造成损失的,应当承担赔偿责任。《公司法司法解释三》第十三条规定,股东在公司增资时未履行或者未全面履行出资义务,公司、其他股东和公司债权人请求未尽忠实义务和勤勉义务而使出资未缴足的董事、高级管理人员承担相应责任的,人民法院应予支持；董事、高级管理人员承担责任后,可以向被告股东追偿。该解释第十四条规定,股东抽逃出资,公司或者其他股东请求其向公司返还出资本息、协助抽逃出资的其他股东、董事、高级管理人员或者实际控制人对此承担连带责任的,人民法院应予支持。该解释第二十八条还规定,对于未办理登记的股权转让(包括股份公司的记名股转让),原股东处分股权造成受让股东损失,受让股东请求原股东承担赔偿责任、对于未及时办理变更登记有过错的董事、高级管理人员或者实际控制人承担相应责任的,人民法院应予支持；受让股东对于未及时办理变更登记也有过错的,可以适当减轻上述董事、高级管理人员或者实际控制人的责任。该条体现了董事对第三人责任以及董事责任限制的特别规定。

者认为,"只能依据各董事在决议行为中的过错大小来确定其承担的责任的多少"①。也有学者认为,"在董事会决议违反股东大会决议的情形中,当然可以区分各董事过错程度的大小,从而根据过错程度来划分责任。但在董事会不执行股东大会决议的情形下,则很难说谁的过错大,谁的过错小,显然无法根据过错大小来划分责任,而应当认定为每个董事所负的责任额相同"②。事实上,在董事会决议形成过程中,也只能依据会议记录来判定董事对于违反股东大会决议事项的表决情况,从而确定董事是否有过错,但仍无法区分各董事过错程度的高低。在执行违反股东大会决议的董事会决议过程中,则更难以判断各董事的过错大小。有鉴于此,根据过错大小来划分责任只能是一种理论假设,缺乏可操作性。因此,认定在承担责任的董事中各董事所负的责任为连带责任较为合理。当然,如果上述行为纯属个别董事的个人行为,则由该董事承担全部责任。但为了减轻董事的负担,解除其后顾之忧,促使其在经营公司过程中尽心尽力,英美公司法以及部分大陆法系的公司法均设置了董事责任的限制和免除规定。如《日本公司法典》第四百二十三—四百二十七条对此作了具体规定。我国现行《公司法》第一百一十二条以及《最高人民法院关于适用〈中华人民共和国公司法〉若干问题的规定》(简称《公司法司法解释三》)第二十八条也对董事责任及其限制或免除予以规定,体现了我国公司立法和实践的不断进步和完善。

　　股东大会决议能否对公司本身产生法律约束力呢?学界观点不一。通说认为,股东大会决议是公司的意思表示,根据表意者受其意思表示约束的理论,决议对公司具有约束力。但也有学者认为,股东大会决议对公司是否发生效力,是一个虚假命题。因为公司和股东大会决议并不是同一逻辑层面上的事物,两者在逻辑上不能并存。换言之,公司这一概念并不是针对股东大会而言的,而是针对公司以外第三人而言的。股东大会决议也不是针对公司而言的,而是针对公司董事、监事、股东而言的。笔者

①　周友苏:《新公司法论》,法律出版社,2006,第519页。
②　石纪虎:《关于股东大会决议效力的探讨》,《政治与法律》2009年第5期。

认为，公司的本质决定了公司是被作为独立于股东的民事主体对待的，但同时公司又作为抽象的主体，无法像自然人那样进行意思表示，只能借助法律技术（即股东大会决议）将股东意思转化为公司的意思，即股东大会意思就是公司意思。既然股东大会决议是由股东意思转化而来的公司意思，那么股东大会决议对公司具有约束力不言而喻。正如有学者所言，决议是指向构筑参与制定决议们共同的权利领域或者他们所代表的法人的权利领域。①

从法理上揭示股东大会决议对公司自身具有约束力，对于股东大会决议瑕疵救济的诉讼程序构造（即被告的确立）有着重要意义。按照学理解释，股东向人民法院提起股东大会决议瑕疵诉讼，应当以公司为被告。但也有学者认为，对股东大会决议瑕疵诉讼的被告确定应当根据股东提起的诉讼理由来确定，即以程序瑕疵为由提起的请求撤销股东大会决议的诉讼，应当以会议召集人为被告；以内容违法或者违反公司章程为由提起的请求确认股东大会决议无效或者撤销股东大会决议的诉讼，应当以该项决议的提案人为被告。其理由在于：股东大会决议瑕疵的原因不是出在提案内容上，就是出在会议程序上。提案的合法性由提案人负责，程序的合法性由会议召集人负责。由于在通常情况下，股东大会会议是由董事会负责召集，会议提案也由其负责准备，因此，通常情形下的股东大会决议瑕疵诉讼也就是以董事会或以投赞成票董事为被告的诉讼。②

事实上，对于股东大会决议瑕疵之诉，立法和学界普遍认为公司是唯一的适格被告。因为股东大会决议决定公司的意思，之后的公司行为以该决议为基础，公司对该决议具有处分权，因此，在以该决议的效力为标的的诉讼中，公司处于最具有利害关系的地位，应成为适格的被告。③ 如《日本公司法典》第八百三十四条规定了股东大会决议不成立之诉的被告为公司本身。关于公司被告的诉讼代表人问题，有些国家公司立法规定，公司由董事会或监事会代表。如《德国股份法》第二百四十六条规定，若诉讼是由董事会或一名董事起诉的，由监事会代表公司应诉；若由一名监

---

① ［德］卡尔·拉伦茨：《德国民法通论》（下册），王晓晔等译，法律出版社，2003，第433页。
② 石纪虎：《关于股东大会决议效力的探讨》，《政治与法律》2009年第5期。
③ 钱玉林：《股东大会决议瑕疵研究》，法律出版社，2005，第295页。

事会起诉的,由董事会代表公司应诉。[①] 当然,如诉讼是股东提起的,应由董事会代表公司应诉为宜。我国现行《公司法》第二十二条虽未明确股东大会决议瑕疵诉讼的被告资格,但《公司法司法解释四》则明确"应当列公司为被告",从而回应了此前学说和实践将公司作为适格被告的说法与做法。

三、股东大会决议的外部效力

作为公司的内部决策机构,股东大会依据多数决将股东意思转化为公司意思所形成的公司决议,自然对公司本身、由股东大会产生的董事会和监事会以及公司董事、监事和高管人员具有法律上的约束力。但股东大会决议效力范围是否对股东与第三人产生法律约束力? 以下就此展开分析。

对于股东大会决议能否对股东产生法律约束力的问题,有学者认为,股东大会作为公司内部机构,其决议的事项只能是公司的事项,而公司与股东在人格与财产方面相互独立,因此,股东大会决议似乎并不能约束股东。但是,公司构造的逻辑和股东与公司的特定的法律关系,决定了股东大会决议必然与股东的权利或者利益发生关系。比如,通过股东大会决议的方式修改公司章程,对特定股东或者股份限制表决权;股东大会决议关于股息或红利的分配等,事实上对股东产生了约束力。[②] 但也有学者认为,股东大会决议是否对股东具有约束力,取决于决议内容是否有关股东问题,如果股东大会决议仅事关纯粹的公司事务,例如决定公司的经营方针和投资计划、审议批准监事会的报告、对发行公司债券作出决议等,这种决议对股东实际上没有约束力,因为这种决议内容与独立于公司的

---

① 在股东大会决议瑕疵救济诉讼中,公司董事和监事能否为原告,各国公司法规定不一,但大多持肯定态度。一般认为,董事负有执行股东大会决议的义务,董事如执行瑕疵的股东大会决议,可能会因此造成损害而对公司承担赔偿责任;监事为维护公司和股东利益而负有监督股东大会决议合法与否的义务。此外,瑕疵的股东大会决议内容有时会对董事和监事的利益产生直接影响(如有关对董事、监事报酬修改的决议),因此,为维护股东、公司乃至自身利益,赋予董事和监事以起诉权实属正当。

② 钱玉林:《股东大会决议瑕疵研究》,法律出版社,2005,第 106 页。

股东无涉，谈不上约束力的问题，此时可谓股东们的意思完全转化为公司意思。而只有当股东大会决议同时事关公司和股东问题时，决议才对公司和股东具有约束力。① 例如审议批准公司的利润分配方案、对特定股东或股份限制表决权等，事实上，公司的构造逻辑决定着公司与股东具有不可分割的必然联系，从而就决定着事关公司事务的股东大会决议内容必然直接或间接与股东问题有关，不存在与股东问题无涉的决议内容。还有学者认为，对于股东来说，股东大会决议只能对其作出一些不需要以作为方式积极履行的决议，而不能作出一些需要其以作为方式积极履行的决议。申言之，股东大会决议所要求股东履行的义务，应当仅仅是一些无须以作为方式积极履行的不作为义务，而不应当给股东负担需要以作为方式积极履行的作为义务。比如，有关公司人事任免事项的股东大会决议，对股东来说具有法律约束力，因为其并没有赋予股东以积极作为义务；反之，如果股东大会决议要求股东再对公司投资，除非该决议经过股东本人签字认可，否则就不能约束股东，因为其对股东强加了必须以作为方式履行的积极义务。在这个意义上可以说，股东大会决议对股东不具有积极的法律约束力，但具有消极的法律约束力。② 这种观点仅注意到决议形成的程序性特征，而忽视了决议的实体性特征。事实上，决议事项往往是依据提案人的提案内容来确定的。如前文所述，提案人的范围不仅包括董事会、监事会，还包括股东，提案内容在一定程度上分别体现了股东和经营者等相关主体的意思，为平衡公司相关主体的利益，源于提案内容所形成的决议内容既有可能要求股东以积极的作为方式履行的部分，以保障股东自身权益的实现；也有可能要求股东以消极的不作为方式履行的部分，以维护其他相关主体的权益。还有学者在针对"郑百文事件"中的临时股东大会"关于股东采取默示同意和明示反对的意思表示方式的议案"之决议进行评析时指出："股东会决议的效力在未受到有法律意义的挑战并被确认为无效的情形下，股东由于受股东会决议的约束均

---

① 李建伟：《公司诉讼专题研究》，中国政法大学出版社，2008，第119页。
② 石纪虎：《关于股东大会决议效力的探讨》，《政治与法律》2009年第5期。

无法跳出'二选一'的框架去寻找第三条道路。"①显然,该学者也持股东大会决议对股东具有法律约束力的见解。

从法理上说,股东大会决议是以股东的意思表示为基础,通过多数决的表决机制而形成的团体法律行为,是股东意思表示的一种转化物。多数决机制决定了股东大会决议这种团体法律行为具有与单方法律行为、合同法律行为以及共同法律行为不同的约束力。无论是单方行为、合同行为还是共同行为,其效力仅仅限于意思表示者之间,而作为被拟制为公司意思的股东大会决议一旦形成,其效力对公司本身具有当然的约束力。不仅如此,决议对于全体股东(包括参与表决的股东、反对股东、未参与表决的股东)也具有约束力,原因在于:尽管公司与股东在财产和人格方面相互独立,但公司作为抽象的主体不可能具有与自然人相比拟的意思,需要借助法律技术(即股东大会决议)为公司拟制意思,使得股东与公司之间存在天然的、必然的、无法分割的关系。正是公司本身的这种构造逻辑,一旦决议形成,其内容在涉及公司事务的同时必然直接或间接与股东有涉,从而体现出股东大会决议在效力上的涉他性。从公司立法上看,如果股东大会决议对股东不具有法律约束力,法律也没有必要赋予股东对于瑕疵决议的诉权,因为诉权是以诉的利益为前提,公司法赋予股东对股东大会决议的诉权,意味着股东大会决议对股东的拘束效力。从公司实践上看,如果股东大会决议对股东不具有法律约束力,公司股东参与股东大会对公司事项进行表决也就失去了实际意义。

至于股东大会决议是否应当对第三人具有法律约束力的问题,学界见仁见智。有学者认为,依据公司治理中所有与经营相分离的原则,股东大会仅仅决定公司意思,不对外代表公司②,换言之,股东大会决议并不能直接约束第三人。但也有学者认为,虽然股东大会所决定的公司意思(即决议)是对内性的,并非直接形成对外性的法律关系,但须经股东大会决议的对外性交易,在未经股东大会决议而达成时,对其交易本身的效力带来影响(例如,营业转让)。从这一点上来讲,股东大会决议实际上也发

---

① 江平:《"默示同意,明示反对"的合法性——郑百文"资产、债务重组方案"分析》,载郭锋主编《证券法律评论》2001年第1期,法律出版社,2001,第171-173页。

② 王保树、崔勤之:《中国公司法》,中国社科文献出版社,2000,第190页。

挥对外性的约束力……因此，关于须有股东大会决议的事项，因缺少股东大会决议或者决议有缺陷而无效、取消时，等于股份公司意思本身欠缺，从而绝对无效……关于股东大会决议的欠缺，没有保护善意第三人的制度。即使善意第三人也不能主张其效力。[①] 还有学者认为，股东大会决议在通常情形下对以私法身份主体出现的第三人（如公司债权人）不具有法律约束力。其理由在于：股东大会决议作为公司单方的意思表示，根据单方法律行为仅仅能为第三人创设权利而不能给第三人设定义务的原理[②]，其不能对他人产生法律约束力显而易见。此外，从股东大会的机构性质来看，股东大会作为公司的权力机构，其职权主要是对公司的内部事项作出决定，一般不涉及第三人。但如果股东大会决议赋予第三人以某种权利，则根据法律行为效力的一般原理，如果该第三人以股东大会决议为基础，要求享有公司权利，则应当承认该决议对其具有法律效力。该学者同时又认为，对于以公权力身份出现的第三人（如公司登记机构）而言，在其职权范围内，股东大会决议应当对其具有法律约束力。其理由在于尊重私法主体的自治，公权力是为私权服务的。[③] 事实上，股东大会决议是否对第三人产生拘束力，指的是第三人的权利或利益是否受到股东大会决议的直接影响，指的是私法意义的第三人，而非指在公司组织和行为过程中行使公权力的第三人。至于该学者所谓的股东大会决议对公司登记机构是否具有拘束力，实际上是指公司内部主体或公司机构代表办理登记手续时，登记机构是否认可其提供的股东大会决议文书的问题。此时，作为证明公司内部意思的书面文件，股东大会决议不是以法律形式存在的，它仅为公司证明自身意思的凭证，登记机构就是根据公司的申请和公司提交的这个凭证，变更登记内容，而不是决议本身产生了外部效力。

笔者认为，对于股东大会决议是否对第三人具有法律约束力，应区分不同情况进行分析。一般而言，股东大会仅为公司的内部决策机构，不是公司代表机构，不具有直接对外执行公司业务的资格，并且股东大会决议是公司内部决议，并不直接与第三人发生法律关系，因此股东大会决议形

---

① ［韩］李哲松：《韩国公司法》，吴日焕译，中国政法大学出版社，2000，第348-349页。
② 李永军：《民法总论》，法律出版社，2006，第431页。
③ 石纪虎：《关于股东大会决议效力的探讨》，《政治与法律》2009年第5期。

成后并不直接对第三人产生拘束力。① 但如果股东大会决议成为公司与第三人之间法律关系的成立或生效要件时,第三人的权利或利益就会具体地受到股东大会决议的影响,此时,若未经股东大会作出决议,该种法律关系就不会成立或生效。② 如董事长对外代表公司缔结有关营业转让的协议,依据法律规定,一般应经过股东大会的特别决议通过方可进行。③ 如果董事长未经股东大会的特别决议而与第三人缔结了营业转让协议,依据民法理论,应属于效力待定行为,可经公司股东大会依法追认而溯及于协议订立时生效。此时,股东大会决议的效力状况就会对第三人的利益产生直接影响,即对第三人具有拘束力。

---

① 即使在特定情形下(如董事会陷入僵局、没有董事、没有达到有效的法定人数或董事丧失表决资格等),董事会不能或无法行使所授予的权力时,股东大会可以行使董事权力而作出决议,但此时所作出的决议仍为公司内部决议,并不直接对第三人产生拘束力。

② 但公司董事代理公司与第三人的交易行为符合表见代理的情形除外。

③ 营业转让是将客观意义上的营业保持其整体性,从一个主体转到另一主体。参见赵旭东主编《商法学》,高等教育出版社,2007,第81页。因此,公司营业转让意味着公司全部或实质性全部资产的出让行为。一般而言,一旦公司营业被转让,公司经营者只能将营业转让收益分配给股东,等待公司解散,而且,若营业受让人继受了营业出让人的债务,这就伴随着公司解散的营业出让行为与公司兼并行为具有相同的法律效果。因此,有些国家将公司营业转让行为视为公司重大行为,并要求获得股东大会批准。

第四章
股东大会决议效力瑕疵的事由及其认定

股东大会决议作为公司的意思表示,其本质是通过会议形式由多数派股东所作的意思决定,因此,只有股东大会决议程序(包括股东大会的召集和决议方法)和内容均合法、公正才能产生法律效力;如果决议程序或内容上有瑕疵,就不能认为是正当的团体意思,应对其效力作否定性的评价。多数国家的公司法对瑕疵股东大会决议的类型作出规定,但在划分标准上存有差异,导致在判例和学说上对决议类型及其成因的认定方面也存有不同观点。对此尚有进一步分析之必要。

一、股东大会决议瑕疵的类型概述

作为一种法律行为,股东大会决议的成立与生效应当符合法定的要件,如果在内容或程序上存有瑕疵,自然适用于法律行为效力瑕疵的规则。既然股东大会决议具有法律行为的特征,民法中有关法律行为理论自然对其具有适用的空间。然而,正如前文所述,股东大会决议是一种团体法律行为,出于维护团体法律关系的稳定性和交易安全性的考虑,其成立与生效规则具有不同于一般法律行为的特殊性。正是基于股东大会决议这种特殊性,可能会出现违反股东大会决议存在所必备的基本、重要的程序,从而引起决议不存在的产生。其中有效决议是指符合法定的成立和生效要件的股东大会决议,本书第一章已对此进行了论证,在此仅就瑕疵决议类型的事由及其认定标准进行探究。

关于股东大会决议瑕疵的分类,大陆法系国家有"三分法"和"二分法"之别。"三分法"是将决议分为决议不存在、决议无效与决议可撤销;而"二分法"是将决议分为决议无效与决议可撤销。"二分法"仅针对已成立的决议，"三分法"则将决议不存在作为决议瑕疵的一种。多数国家或地区的公司立法采用"二分法"，如《德国股份法》第二百四十一条、二百四十三条分别规定了决议无效和可撤销的情形。有些国家在立法上采用"三分法"，如《日本商法典》第八百三十条规定股东大会决议不存在之诉和无效之诉；第八百三十一条又规定了决议的撤销之诉。《韩国商法典》第三百八十条明确规定决议不存在之诉，并在 1995 年修正中将决议内容违反章程的情形定为可撤销的事由。尽管德国等国家和地区在立法上采用"二分法"，但在判例和学说上则认可决议不存在这一类型。

无论"二分法"还是"三分法"，均具有自身的立法逻辑。"二分法"的立法逻辑在于：应依据决议瑕疵的性质赋予其不同的效力类型。要么根据决议违反法令与章程的严重程度加以划分，即严重者为无效，一般者可撤销；要么根据决议违法的对象加以划分，即内容违法或违章者无效，程序违法或违章者可撤销。"三分法"的立法逻辑在于：决议内容违法者为实质性瑕疵，当然地构成决议无效；但是决议程序瑕疵要视不同情形而定，一般瑕疵为可撤销，严重瑕疵足以达到决议无法成立之程度为决议不存在。值得注意的是，德国学说和实务上均承认效力未定也是决议瑕疵的一种类型。所谓效力未定的决议是指决议的有效须以股东、第三人或其他机构的批准或决议在商事登记簿登记为前提，如果决议缺少上述要素，则该决议属不生效决议。当然，这类决议只是暂不生效，待附加条件满足以后便最终生效。实际上有些国家立法虽未明确决议效力待定情形，却暗含着此种瑕疵类型。如德国法律规定：普通股股东所作变更章程的决议虽已成立，若其章程的变更有损于特别股股东权益时，则必须经过特别股股东会决议通过，方能生效。[①] 当然，至于效力未定决议是否具有存在的正当性，尚需理论界与实务界的进一步探讨。

二、股东大会决议不存在

（一）决议不存在的制度价值

法律行为理论将法律行为的成立与生效作出严格区分，认为法律行

---

① 参见《德国股份法》第一百四十一条第一项之规定。

为成立与否是个事实判断问题，仅在于判断当事人之间是否自设了权利义务关系，相当于从形式上来看是否存在法律行为；而法律行为的生效与否是个法律价值判断问题，是对已经成立的法律行为的内容和程序进行审查以确定其是否符合现行法律的精神和规定。如果不符合，则意味着该法律行为的效力存有瑕疵，包括无效、可撤销等情形。据此，法律行为是否无效、是否可撤销属于法律价值判断问题，因为判定当事人自设的权利义务是否得到法律承认和保护，其前提是法律行为已经成立，若未成立的法律行为自然无效力判断可言。可见，法律行为的不成立与无效、可撤销存有严格区别，在这一点上，股东大会决议作为一种法律行为并无独特性。然而，股东大会决议是股东们就公司事务作出的意思表示，并通过资本多数决机制，形成对公司的拘束力和监督力，确保自己对公司的投资获得最大收益。而这一目的的充分实现有赖于一个合法成立、效力上无瑕疵的决议，其前提是决议成立，然后才是效力无瑕疵。不少国家和地区的公司立法上明确规定的只有无效或可撤销决议两种类型，显然是就决议效力瑕疵而言的。事实上，除了决议无效和可撤销之外，决议不成立应被列入瑕疵类型。因为不成立的决议与效力瑕疵的决议一样，均不能发生表意者意欲发生的私法效果。此外，决议不成立与决议无效和可撤销的瑕疵情形存有明显的差异，无法纳入决议无效或可撤销制度体系中进行救济。有鉴于此，应将决议不成立纳入决议的瑕疵情形。[1] 至于是否存在决议效力待定的瑕疵类型，有学者认为，民法中有关效力未定的法律行为的规范，如无权代理、无权处分等，大多仅涉及个体的法律关系，而公司为团体性的法律关系，在股东大会召集程序已够烦琐的情况下，若再允许股东大会决议效力长时间地处于未定状态，则有悖于现代企业竞争与效率原则。[2]

　　将决议不成立纳入瑕疵决议之列，首先，有助于在理论上形成完整的

---

① 但也有学者认为，股东大会决议不成立不属于决议瑕疵，因为要讨论股东大会决议瑕疵，须以股东大会及其决议的存在为前提，如根本未有股东大会或其决议的存在，即无检讨股东大会决议有无瑕疵之必要。

② 刘渝生：《公司法制之再造——与德国公司法之比较研究》，新学林出版股份有限公司，2005，第 311—312 页。

股东大会决议瑕疵体系,使决议瑕疵的法理逻辑与法律行为理论体系保持一致;其次,有助于公司法上的利益相关者认识到不具有法律效力的所有决议类型;最后,有助于在司法实务上对股权诉讼救济制度的完善,更好地保护股东权益。

事实上,股东大会决议不存在有别于决议不成立,"决议不存在"专属于公司法意义上的范畴,其具体情形是由公司法或商法这些特别法来规定的,"决议不存在"的情形要广于"决议不成立","决议不存在"除了包括基于民事行为理论而产生的"决议不成立"这种情形外,还包括公司法以及商法上规定的其他特别情形。鉴于此,决议不存在的法理依据不仅包括法律行为理论,更是为了满足现实公司纠纷案件裁判发展的需要,维护相关利益者的权益,实现公司立法的公平正义目标。有关股东(大)会决议不存在之诉的案例在公司实践中随处可见,现举其二以说明。

案例1:2006年,原告张某与被告江苏万华工贸有限公司及股东万某等因股权纠纷而提起诉讼。被告江苏万华工贸有限公司成立于1995年12月21日,原始股东为被告万某、其妻原告张某及其他两个案外人,注册资本为106万元,其中万某出资100万元,张某出资2万元,由万某负责公司经营管理。章程规定股权只能在股东内部相互转让,但必须经全体股东同意。1999年3月12日,万某与张某协议离婚,约定夫妻两人在公司的全部有形和无形资产、债权、债务等全部归万某所有,张某应得财产由万某分期给付,但一直未办理股权变更及离婚登记手续。2004年4月6日,万某未经召集程序,也未实际召开股东会审议,而通过假冒其他股东签名、私自伪造的股东会决议,将其所持股权的80%转让给其同居女友吴某,将原告张某2万元出资对应的公司股权转让给另一被告毛某,张某遂提起诉讼。

法院审理后认为,本案中,虽然被告万某享有被告万华工贸公司的绝对多数的表决权,但并不意味着万某个人利用控制公司的便利作出的个人决策过程就等同于召开了公司股东会议,也不意味着万某个人的意志即可代替股东会决议的效力。根据本案事实,不能认定2004年4月6日万华工贸公司实际召开了股东会,更不能认定就该次会议形成了真实有效的股东会决议。万华工贸公司据以决定办理公司变更登记、股权转让等事项的所谓"股东会决议"，是当时该公司的控制人万某所虚构，实际上并不存在，因而当然不能产生法律效力。据此，判定被告公司股东会决议不成立；原告张某与被告毛某的股权转让协议不成立……①

该案中，南京市玄武区人民法院面对公司控股股东未经召集程序也未实际召开股东会审议，而通过假冒其他股东签名、私自伪造的股东会决议引起的纠纷，认定股东会决议不成立。该案的典型意义在于突破了2005年《公司法》第二十二条公司决议无效和可撤销之诉的"二分法"，确立了决议不成立（存在）的诉讼类型。

案例2：2003年至2007年间，南京浦东建设发展股份有限公司的几名股东围绕着该公司股权变动的合法性，先后引起多起讼争。其中有关许某等人诉南京市工商局及其他股东撤销有关增资变更登记的行政诉讼案，经过一审、二审、再审，结果未能改判。该案的争议焦点是，公司提交增资变更登记申请的所谓股东大会特别决议，未经合法召集的股东大会审议，而是采取由控股股东送交其他股东面签的方式进行表决，表示赞成议案的表决权数也不足总表决权数的三分之二。事后，控股股东向原告股东之一王某作出特别承诺，诱使后者在上述股东大会决议上补充签名，并凭此向登记机构成功办理增资变更登记，其他股东的权益被相应稀释。双方围绕股东大会决议是否形成、变更登记的行政行为是否合法等问题产生纠纷。原审法院认为该公司股东大会决议原先存在瑕疵，但因王某补签得到弥补，变更登记材料符合法定要求，工商登记机构进行变更登记的行政行为并无不妥，故判决驳回原告的诉讼请求。二审、再审均维持原判。②

该案原告许某等因为股份被稀释，权益受到了严重的损害。从2003年起，历经一审、二审、再审，该案依然没能得到很好的处理。其根本原因在于法院将商法中的多数决原则理解为民法中合意原则，完全无视2005

---

① （2006）玄民二初字第1050号"张艳娟诉江苏万华工贸有限公司、万华等侵害股东权纠纷案"，参见《最高人民法院公报》2007年第9期。

② 参见南京市白下区人民法院（2003）白行初字第76号、南京市中级人民法院（2004）宁行终字第115号及南京市中级人民法院（2006）宁行监字第73号"许尚龙等诉南京市工商局工商管理行政登记案"。

年《公司法》中关于股东大会决议的程序性规定。审理该案的法官认为未经股东大会审议以及法定多数表决而形成的所谓"决议"可以通过事后补签而成立,其效力也可得以补正。如此的审判思维会导致裁判有失公允,因为股东大会决议不同于一般的民事法律行为(尽管股东大会决议本质上属于法律行为),它具有自身的特殊性,作为团体性法律行为,股东大会决议并非全体股东的合意,而是多数决情形下的意思表示。多数决是公司经营效率性与民主性的集中体现,为了使决议能获得少数股东的认可,就必须设置严格的程序,让少数股东的意志能够充分表达。否则,即使多数股东认可的决议,也难以获得少数股东的认同。该案虽然通过会后补签的方式,章程修正案也获得了公司三分之二以上股东的同意,但该章程修正案没有经过股东大会的说明、讨论,像许某等少数股东没有获得正当地表达自己意志的程序权利,最终得出的所谓"决议"就无法获得少数股东的信服。因此,未达到法定表决权数而形成的所谓"决议"应属于决议不存在的情形。这正是该案的典型意义所在。

(二)决议不存在的事由及认定

近年来,一些大陆法系国家对股东大会决议不存在给予立法上的认可[①],如日本和韩国。即使有些国家没有对决议不存在给予立法认可,但在学说和判例上均主张决议不存在的独立性及必要性(如德国),以便实现与法律行为理论的一致性以及对公司纷争多元化的法律回应。

确立了股东大会决议存在所必备的要件,也就从另一层面确定了导致决议不存在的事由。关于股东大会决议存在所必备的要件,一些国家或地区在立法、学说和判例上作出了解释。如《韩国商法典》第三百八十条明确了股东大会的召集程序或决议方法的严重瑕疵会导致决议的不存在,并在韩国判例中对决议不存在的情形进行了列举。日本也曾在判例中认为,股东大会会议的最低要件为经由召集权人之召集,通知全体股东,公告召开股东大会事宜,并因此而集会,欠缺上述要件者,即为决议不

---

① 就域外相关立法而言,依据法律行为理论的推导,"三分法"中的决议不存在实际为决议不成立。

成立。[①] 德国通说认为，股东会决议的要件包括：股东会议确有举行，该会议曾作出决议，所作成之决议（一般）经主席确认而定案，决议始为成立（存在）。[②] 我国有学者认为，决议保持在自决议之成立过程观之，显然违反法令，在法律上不能认为有股东大会或其决议之成立之情形。[③] 尽管上述说法不完全一致，但可以肯定的是，股东大会决议的成立是以会议的成立为前提。而股东大会会议是否具有召开的外观事实，需要借助召集制度来阐释。决议的形成是否达到法定的表决权数，也是判定决议是否成立的要件。详言之，股东大会决议的成立要件包括：一是具备会议召开的事实要件[④]；二是具备会议召集程序要件，内容涵盖由召集权人召集、向全体股东发出召集通知、决议事项限于会议通知事项；三是具备决议程序要件，即达到法定的表决权数，符合团体法律行为的逻辑。只有同时满足上述要件，决议才能形成，否则会导致决议不存在。可见，无论是欠缺决议成立要件还是欠缺会议成立要件均为程序瑕疵，均有可能成为决议不存在的事由。但是决议形成过程中的程序瑕疵并非都使得决议不存在，只有程序瑕疵程度较为严重，以至于决议无法形成，才导致决议的不存在。比如根本未召开会议而作出的所谓"决议"[⑤]；明显无召集权人召集会议作出的所谓"决议"[⑥]；故意不通知大部分股东而召开的会议作出的所谓"决议"；就召集通知未列明的事项作出的所谓"决议"；未达到法定

---

① 东京高等裁判所判决昭和二十五年4月22日。

② 刘渝生：《公司法制之再造——与德国公司法之比较研究》，新学林出版股份有限公司，2005，第256页。

③ 柯芳枝：《公司法论》，中国政法大学出版社，2004，第283页。

④ 此处的会议包括现场会议及法律认可的其他法律形式。此外，经过全体股东同意的不召开任何形式的股东大会而事后由全体股东签字同意获得通过的决议事项也可视为有效的决议，如美国各州公司立法均有类似规定。

⑤ 如对全体股东未作通知而作出的决议等。但美国承认全体股东一致书面同意而无须召集股东大会作出决议的效力。

⑥ 但也有学者认为，股东大会虽由无召集权人召集，但全体股东出席并同意召开股东大会，由此所作出的决议应视为有效的决议。原因在于：无召集权人召集的股东大会在具有会议召开的外观，会议召集程序的立法目的在于尽可能赋予全体股东有出席股东大会的资格或机会，全体股东出席会议并未提出异议，应视为其放弃撤销权的利益，同时承认决议的有效性，也不违反公司立法目的。参见钱玉林：《股东大会决议瑕疵研究》，法律出版社，2005，第280-281页。对于股东不约而同地集会所作的决议，如果全体股东到场并无异议，决议应为有效；否则，决议不成立。

的表决权数而未获通过的所谓"决议"①；等等。

综上所述，股东大会决议不存在的事由是因为决议欠缺成立要件，完全属于程序上的瑕疵。而下文拟讨论的决议撤销的事由也包含程序上的瑕疵，那么对因程序瑕疵而作出的决议究竟应当视为决议不存在还是决议可撤销。事实上，决议不存在与决议可撤销的界限应当可以划清，决议不存在是因为决议程序存在严重瑕疵，使得决议无法达到会议或决议的成立要件；而决议可撤销是因为决议已成立，只是决议程序或内容存在轻微瑕疵，影响了决议的公正性或正当性。

三、股东大会决议无效

（一）决议无效的制度价值

无效决议通常是指具有严重瑕疵的股东会决议，公司董事会和监事会不得执行和实施无效决议。但在少数情况下，无效决议还可以经补救而有效。对于股东大会决议无效之原因，各国及地区公司立法均注意将其限定在一定的范围之内，即主要限于严重的决议内容瑕疵或程序瑕疵（但多数国家立法规定不包括程序瑕疵）。如《德国股份法》规定的无效事由包括部分程序瑕疵和部分内容瑕疵。就决议无效的程序瑕疵而言，根据该法第二百四十一条规定，实际上必须限于非常严重的程序瑕疵。并且在适用过程中对于导致决议无效的程序瑕疵给予事后补救的机会或者特定情形下不得主张无效。当然，赋予决议无效可补救的真实意图，并不是否定决议瑕疵的存在，只是引起决议无效的原因在经过法定的期限后，不再成为瑕疵请求权人主张无效的事由。② 也就是说，除非决议的程序瑕疵在穷尽所有合法手段仍不能使决议治愈，才能认定决议无效，唯其如此，才能体现出公司法对交易安全的保护和公司自治行为的尊重，减少不

---

① 即使通过个别股东会后补签达到了法定表决权数，原"决议"仍不能成立。因为股东大会是公司非常设性权力机构，会议闭幕后就结束其使命，该次股东大会也不复存在，经一定程序召集股东大会未能通过的决议，该议案本身就成为废案，而不能再通过个别股东会后补签，使得废案复生。参见吴建斌：《关于我国公司冲突权利配置效率观的反思与重构》，《南京大学学报（人文社科版）》2011年第2期。

② 钱玉林：《股东大会决议瑕疵研究》，法律出版社，2005，第287页。

必要的司法干预。因此，对于决议无效的事由，需要从公司立法和公司实践上进行严格限制，在立法上采取概括与列举相结合的立法模式，并在司法上避免不必要的干预；同时，建立无效决议的补救制度和驳回制度，尽可能减少无效决议的出现概率。就决议无效的内容瑕疵事由而言，多数国家和地区均将无效的内容瑕疵限定在决议内容违反法令的强制性规定方面。如何判断法律的强制性规定，正如前文所述，应从维护商事交易安全的角度，对强制性规定的立法目的以及整体的协调性进行综合考量。其实，内容瑕疵与程序瑕疵大多相互关联，这是因为股东大会决议的形成依赖资本多数决机制，程序瑕疵不仅对股东决定是否出席股东大会产生影响，而且对是否符合法定的多数决也造成影响。既然两者相互关联，那么如何判定某项瑕疵究竟属于程序瑕疵还是内容瑕疵？比如，在公司对股东提供担保所作的决议，如果该股东没有执行法定的表决权回避制度，该决议究竟是程序瑕疵还是内容瑕疵？对此就会产生认识上的分歧。如果程序合法合章，自然谈不上程序瑕疵，问题的关键最终还是归于对法律强制性规定的认定。

（二）决议无效的事由及认定

决议无效是由法律对决议作出的直接的否定评价，与当事人的意思无关。相对而言，无效决议对公司法的安定性及交易安全造成较大的负面影响，故多数国家对决议无效的事由进行严格限制，如《德国股份法》规定决议无效的事由包括召集瑕疵、决议制作瑕疵、决议内容瑕疵，决议内容违背股份公司本质或违背公序良俗原则。《韩国商法典》规定，决议无效的事由包括内容违反法令、内容不公正，尤其是滥用多数决。《日本公司法典》规定，决议内容违法，当然无效。我国现行《公司法》规定，决议内容违反法律、行政法规者无效。尽管上述国家和地区规定不完全一致，但均在立法上认定股东大会决议无效归因于内容瑕疵。达成这种立法共识的原因在于，内容瑕疵较程序瑕疵更为严重，对于公司和股东利益的损害较大，属于实质或本质上的瑕疵，是不能容忍的缺陷，具有不可逆转性。不论公司采取何种补救措施，一旦被确认无效，公司均不得作出与此内容相同的决议。决议内容瑕疵既有决议内容违反法律、行政法规的情形，也有内容违反公司章程的情形，还包括内容显失公平的情形。其中，内容违法是内容瑕疵最为严重的情形,故将内容违法的决议定为无效。从法解释学的角度来看,内容违法指的是内容违反法律的强制性规定。更严格地说,决议无效的事由是指决议内容违反效力性实体强制规范,其理由在于:强制性法律规范依内容不同存有程序性强制规范和实体性强制规范之别,其中有关决议程序(即会议的召集程序和表决方式)的强制性规范即为程序性强制规范,有关决议内容的强制性规范即为实体性强制规范。依其产生的法律后果不同又可分为管理性强制规范和效力性强制规范,其中管理性强制规范是指法律及法规未明确规定违反此类规范将导致行为无效的规范,其目的在于管理和处罚违反规定的行为,但并不否认该行为在私法上的效力。效力性强制性规范是指法律及法规明确规定违反该类规定将导致行为无效的规范,或者未明确规定违反之后将导致行为无效,但若使行为继续有效将损害国家利益和社会公共利益的规范,其目的在于否定其在私法上的效力。因此,只有违反了效力性强制规范的行为,才应当认定为无效。鉴于此,即使决议违背实体性强制规范,也并非绝对无效,因为若该决议的结果仅针对个别措施,而该措施仅影响到公司的现有股东,而不涉及第三人,且该强制性规范的规定并非现有股东不可放弃的权利(即该决议违反的是管理性强制性规范而不是效力性强制性规范),则该决议不得认定为无效,应作可撤销决议处理。至于违反程序性强制规范是否导致决议无效,各国及地区做法不一。多数国家和学说认为违反程序性强制规范的决议属于程序瑕疵的决议,应将此类决议认定为可撤销决议;也有国家和学说认为,此类决议多定为可撤销,但也存在被定为无效的情形,比如依据《德国股份法》第二百四十一条规定,由无召集权人召集的股东大会,或召集股东大会未在公司公告上公布,其决议无效。其理由在于,上述瑕疵虽属于程序瑕疵,但其瑕疵违背了会议召集的最低要求,故为无效。① 此外,该法还规定:公司作出增资或减资的决议而又未在法定期限内(三个月)在商事登记簿登记的,即可因错过登记期限而导致决议无效;证明瑕疵则主要体现为股东大会会议记录不完整或

---

① 刘渝生:《公司法制之再造——与德国公司法之比较研究》,新学林出版股份有限公司,2005,第264页。

者会议记录未经公证员签字，违背该项程序性规定的决议也属无效决议。有关强制性规范的判定标准，以及决议违背股份公司本质性规定（如股东平等、有限责任等）以及违背法律一般原则（如公序良俗原则、诚实信用原则等）能否导致决议无效，前文已作阐释，在此不再赘述。

四、股东大会决议可撤销

（一）决议可撤销的制度价值

决议的撤销是因为决议存在不公正的因素，由法律给予受到不公平对待的当事方以救济措施，其重点在于保护受到不公平对待方的利益，并赋予其是否撤销该决议的权利，法律不主动进行干预。但对于已经提起的决议可撤销之诉，法院如认为瑕疵显著轻微的，可以裁量驳回，以突显对效率的关注。相对于决议无效而言，决议的撤销更侧重于效率，更多体现了公司法的私法属性。决议无效则更侧重于维护公司交易的安全和稳定。而相对于决议不存在而言，可撤销是法律价值判断，不存在是事实判断。决议存在是判断决议效力的前提和基础，决议的不存在自然就谈不上是否有效的问题，而可撤销决议在撤销前是有效的，一旦撤销，则发生与无效决议相同的后果，但在法定期限内不行使撤销权，则为有效。此外，可撤销决议在瑕疵事由、瑕疵程度、法律后果等方面均具有不同于其他瑕疵类型的特点，这些均为决议可撤销成为独立瑕疵类型的缘由所在。

（二）决议可撤销的事由与认定

作为团体性的法律行为，股东大会决议是通过资本多数决原则而形成的公司意思。由于受该原则的支配，公司法十分注重会议机制的安排，彰显了决议程序正义的价值。从某种意义上说，程序是判定股东大会决议效力问题的核心。关于程序对判定团体意志形成的合法性的作用，德国学者哈贝马斯曾经说过，只要谈判持续保障所有利益相关者以平等方式参与，并且他们都有平等机会互相影响，在结果上也为所有参与者创造了平等机会，那么所达成的协议就可以被视为公平的。[①] 当然，内容的合

[①] ［德］哈贝马斯：《在事实与规范之间》，童世骏译，生活·读书·新知三联书店，2003，第 204 页。

法与公正也是影响决议效力的重要因素。因此,决议的撤销是以决议程序(会议召集和决议方法)以及决议内容存在瑕疵为前提。

关于股东大会决议撤销事由的立法思维和价值取向,经历了漫长的演变过程。通说认为,股东大会决议瑕疵制度源于德国,其早期的立法不论瑕疵的性质均按撤销处理。后经过几次修正,现行《德国股份法》在认定股东大会的瑕疵决议时,以撤销为原则,以无效为例外。也就是说,决议不论是程序违法还是内容违法,均可构成撤销的事由;而对于无效决议,则采取列举的方式,明文规定无效的事由,但任何列举均存在挂一漏万的缺陷。至于如何区分决议可撤销与无效的事由,德国现行法所确定的界限仍模糊不清,故在司法实务中大多须凭借法官依据个案探究决议所违反的规定的立法宗旨及其性质、股东可否放弃其利益、是否对现有股东之外的第三者造成影响加以综合考量。目前较为清晰的区分标志就是依起诉期间是否届满来判定(因为决议撤销受起诉期间限制,该期间经过后,决议不能撤销)。所不同的是,日本、韩国等国家和地区的公司立法将股东大会决议瑕疵的性质区分为程序瑕疵和内容瑕疵,并以此划分了决议无效与撤销的事由。比如《日本公司法典》第八百三十一条规定了决议撤销的事由包括股东大会召集程序或表决方法违反法令或章程,或显著不公正;决议内容违反章程以及有特别利害关系的股东行使表决权形成不当决议。在1981年《日本商法典》修正之前,决议内容违反章程属于决议无效的事由。之所以将其修正为决议撤销事由,其法理依据在于:章程是公司内部的自治规则,可由股东大会决议变更,并无赋予与法令相同效力的必要。①《韩国商法典》第三百七十六条规定了决议撤销的事由包括股东大会召集程序或决议方法违反法令或章程,或显著不公正,或决议内容违反章程。在1995年商法典修改之前,决议内容违反章程也是作为决议无效的事由。之所以将其修正为决议撤销事由,其法理依据在于:章程是依据公司成员即股东们的合意规定的规范,股东大会的决议也具有股东合意的性质,因此股东大会决议违反章程具有违反原合意的性质,与成员提起异议无关,不能治愈,这从瑕疵的性质上不能不说是非经济性的效

①　[日]北泽正启:《修正股份公司法解说》,税务经理协会,1982,第61页。

果。因此，修改商法是为了提供与瑕疵性质相符的效果，将其改为撤销事由。①

我国现行《公司法》规定的股东大会决议撤销事由包括会议的召集程序和表决方式违法或者违反公司章程的规定，以及会议决议内容违反公司章程，即程序违法或违章、内容违章者为可撤销。事实上，2005年修正之前的《公司法》并未就股东大会决议瑕疵事由进行规定，更未对决议可撤销事由给予明确。尽管学界曾对此进行探讨，但大部分学者认为将内容违反章程决议定为无效为妥。② 2005年修订的《公司法》之所以将其修正为可撤销事由，其法理依据在于：作为公司内部的自治规章，章程仅对公司及股东、董事、监事和高级管理人员具有拘束力，即使股东大会决议违反公司章程，第三人往往无从知晓，如将决议内容违反公司章程认定为无效，势必会影响交易安全及社会秩序，导致对第三人的不公平。故不宜将决议违反公司章程确定为无效的事由，而应当认定为决议撤销的原因。

---

① ［韩］李哲松：《韩国公司法》，吴日焕译，中国政法大学出版社，2000，第416页。
② 江平主编《新编公司法教程》，法律出版社，1994，第204页。

第五章
股东大会决议效力瑕疵的救济机制

一、股东大会决议瑕疵救济的基本原理

股东大会决议因决议程序或内容违反法律、法规或章程而产生瑕疵。决议瑕疵有程序瑕疵和内容瑕疵之别。其中,导致程序瑕疵的事由主要包括股东大会召集程序违法违章(如召集权瑕疵、召集通知程序瑕疵等)和表决方式违法(如无表判决权人参与表决、表决事项瑕疵、表决权统计有误、主持人无主持权、个别股东行使表决权的意思表示瑕疵等)。内容瑕疵有内容违反法律法规或公司章程、违背股东平等、有限责任、滥用资本多数决等原则导致内容显著不公正等情形。股东大会决议瑕疵救济是为了防止股东及其相关者利益遭受瑕疵决议的损害,或在利益遭受损害后能得到弥补,以恢复和伸张法律正义而设置的一项制度。

公司作为自治性组织,以章程为自治规则,公司内部事务排除外部干预,特别是公权力的干预,此为公司自治原则。之所以坚持公司自治原则,是因为公司自治是市场经济和市民社会的需要和体现,不仅有利于有限社会资源的充分利用,还有利于充分发挥公司的主动性和创造性,也有利于确立公权力主体的位置,摆脱不必要的外部干预。但公司自治并非完全排斥公权力的介入和干预,因为公司自治存在其内在的局限性。就股东大会决议而言,公司通过资本多数决的民主形式将股东意思转化为公司意思,由此形成的决议体现多数派股东意见和利益,其合理性毋庸置疑。但多数决的合理性无法解决公司运作中的"多数派暴政"(即控制股东滥用多数决压制少数股东)问题。正如有学者所言,公司自治在激发公

79

司旺盛生命力的同时，其自身运作机制也决定了其固有的局限性，"多数派暴政"正是公司自治的内生性机能障碍。[①] 在公司治理中，"多数派暴政"不仅扰乱了公司正常的运营秩序，还损及少数派股东的利益，此时少数派股东往往难以从公司内部寻求有效救济，故需求助于外力救济。即使规定了内部救济途径，若不通过公权力加以约束和限制，也会影响到公司行为及公司关系的稳定；此外，公司自治的局限性还体现在，以盈利为目的的公司组织体在追求自身利益最大化的同时，如其行为破坏了市场竞争秩序，损害了其他竞争者和消费者利益乃至社会公益，自然受到外力的约束和惩治，故作为权力机构的股东大会，其决议内容违法，必然要受到外部公权力干预和矫正。鉴于此，必要的公力救济正是缘于公司组织体自治自身内在的局限性。正是从这种意义上说，股东大会决议瑕疵救济机制是由自力救济和公力救济两部分构成。

然而，相对于自力救济而言，公司法上的公力救济仅为辅助救济，必须坚持适度合理原则。作为公司纷争的辅助救济手段，并非由主动行使的行政权来承担，而要由处于被动行使、居中裁判的司法权来承担，此为各国及地区公司立法和公司实践所认可。就股东大会决议瑕疵救济而言，如何合理划分公司自治与司法介入的界限，在自力救济与公力救济之间寻求平衡点尤为重要。事实上，对于司法介入公司内部事务，经历了一个漫长的演变过程，在早期的英美公司判例中就确立了司法不干预原则，其主要标志是多数决规则和商业判定规则的创立。其中，多数决规则是在 1843 年英国 Foss v. Harbottle 案的著名判例中确立的[②]；商业判定规

[①] 蔡立东：《公司自治论》，北京大学出版社，2006，第 168 页。

[②] 该判例是两个小股东认为公司的董事等管理人员滥用权力，造成公司财产减少，遂起诉公司董事等管理人员。衡平法院驳回原告的起诉。该案确立的"适格原告规则"的基本含义是，如果过错行为人侵害了公司的权利，那么只有公司才是起诉的适格原告，少数股东是无权对侵害公司利益的行为人提起诉讼的；该案确立的"多数决规则"的基本含义是，公司是否起诉，由公司多数股东的意愿决定，对于多数股东能够决定和追认的事项也不允许少数股东提起诉讼。此后，Foss 规则成为英国公司法的基本原则之一。为纠正 Foss 规则会造成对少数股东权利的伤害的不足，在确立 Foss 规则的同时，英国的判例法还确立了"Foss 规则的例外"，对 Foss 规则的适用作出限制。参见判例：Foss v. Harbottle,2 Hare 461,67 Eng. Rep. 189(v. Ch. 1843)。转引自彭春莲：《股东权利救济机制研究——以司法救济为视角》，法律出版社，2010，第 46 页。

则是在 1985 年美国 Smith v. Van Gorkom 案的判例中确立的[①]。但随着社会经济的发展,实践中对司法介入公司内部事务的认识也在发生变化。多数决规则的确立,一方面限制了司法权向公司内部事务的介入,但另一方面也存在对少数股东权益的侵害之嫌。鉴于此,Foss v. Harbottle 案在确立多数决规则的同时又对其适用进行限制,即股东派生诉讼的适用。商业判定规则的确立一方面避免了法官对公司管理层的商业判断作出事后评价,另一方面则面临着在管理层作出缺乏独立性和公正性的决定时如何救济的问题。鉴于此,在后来的公司立法和实践中也允许法院在特定情形下对管理层的决定进行实质审查并据此作出自己的判定。在我国,有关司法介入和公司自治之间的平衡问题一直受到公司学界和实务界的关注。有学者提出,平衡司法干预和公司自治所遵循的原则包括:一是以合法性审查为主,合理性审查为辅;二是以形式审查为主,实质审查为辅;三是以间接介入为主,直接介入为辅。[②] 也有学者提出了判定公司自治限度的边界的标准:一是含有处分当事人自身权利的章程须征得本人同意;二是外部当事人利益优先保护;三是法定义务、信义性义务不得约定免除;四是章程和内部协议不得持续性地造成对部分股东不公平的结果。[③] 还有学者提出了平衡干预与自治冲突所遵循的原则:一是公司内部救济优先原则;二是禁止司法主动介入原则;三是介入程序和类型法定化原则;四是商业判断规则优先适用原则。[④] 上述观点均从不同角度阐述了公司纷争中司法介入和公司自治界域的划分问题,尽管上述原则

[①] 该案主要案情是股东提起集团诉讼,要求取消另一新公司对他们公司的兼并,并以董事会成员在批准合并上违反注意义务要求损害赔偿,特拉华州衡平法院以董事会受经营决断规则保护,作出了有利于被告的判决。但是,特拉华州高等法院撤销了原判,认为董事对合并协议的批准不是有根据的经营决断的产物,董事会随后的补救努力也是徒劳的。参见[美]罗伯特·C.克拉克:《公司法则》,胡平等译,中国工商出版社,1999,第 93 页。

[②] 此处所指的直接介入和间接介入,是针对司法介入公司事务的程序是特别程序还是普通程序。在德国、日本等大陆法系国家,司法有时以特别的程序介入公司内部治理,法院直接参与公司事务,甚至替代公司内部机构行使权力,并对相关事项作出命令、许可、指定、选任等。普通程序是法院以中立的立场对公司纠纷审理并裁决,司法对公司事务的影响具有"间接"性质。英美国家没有普通程序和特别程序的区分。参见刘桂清:《公司治理视角中的股东诉讼研究》,中国方正出版社,2005,第 63-64 页。

[③] 褚红军:《公司诉讼原理与实务》,人民法院出版社,2007,第 38-41 页。

[④] 彭春莲:《股东权利救济机制研究——以司法救济为视角》,法律出版社,2010,第 48-49 页。

或标准还难以完全清晰地勾勒出二者的边界，但对于确立股东大会瑕疵决议的自力救济与公力救济应遵循的原则仍可提供有益的思考路径。

如上文所述，股东大会瑕疵决议的救济方式有自力救济与公力救济之分，前者是指通过治愈、撤回与追认等方式消除决议的瑕疵，后者是指通过法院裁判的方式对瑕疵决议予以救济。公力救济又可分为非讼救济和诉讼救济。其中，非讼救济是指利害关系人在没有权益争议的情况下，请求法院确认决议的瑕疵是否存在，从而使一定的公司法律关系得以发生、变更或消灭。诉讼救济就是通过提起诉讼对瑕疵决议予以救济，包括无效之诉、撤销之诉和不存在之诉。至于如何合理划分瑕疵决议的自力救济与公力救济的界限，笔者认为，在适用方面，应将决议瑕疵的自力救济与公力救济的关系定位为"自力救济优先于公力救济"，这样有助于平衡二者的冲突，也有助于保障公司法律关系的稳定性和公司经营的效率性。详言之，其理由在于：一方面，由于决议涉及公司组织与行为法律关系，决议一经作出，就会对股东、公司的董事、监事、高管人员，甚至第三人产生拘束力，一旦允许司法权的介入，尤其是提起瑕疵决议之诉，就会造成公司法律关系长期处于不确定状态。倘若瑕疵决议的效力被否定而溯及无效，则很可能对社会关系稳定性造成极大的破坏。如允许当事人以积极行为治愈决议的瑕疵，使决议的效力得以确定，就能够更好地保证商事交易的效率和稳定。另一方面，参与股东大会决议是股东行使股东权最为重要的途径，设立瑕疵决议的公力救济旨在保护股东及公司利益，法官永远不可能代替当事人成为当事人自己利益的最佳判断者。瑕疵决议的治愈、撤回与追认等自力救济方式优先于非讼与诉讼等公力救济方式，意味着法院就瑕疵决议的效力作出裁判前，应允许当事人采取积极行为，穷尽公司内部救济措施以消除决议的瑕疵。只要公司章程或公司内部自治机制不违反法律法规的强制性规定，法院就无须介入并对其进行干预，只有在公司内部自治机制运作失灵，自力救济无法消除决议瑕疵时，才有必要基于请求而启动司法救济程序。

"私力救济优于公力救济"也可借助经济学原理加以证明。从经济学的角度来看，私力救济就是权利主体通过协商的方式变更或确定相互间的权利资源配置。相对于公力救济而言，私力救济具有效用和成本上的优势。就效用而言,公力救济强调公权力对违法行为的摒弃,旨在保障合法权利与维护公共利益,其效用侧重于对权利主体合法权益的昭示。而私力救济一方面强调对权利缺损的恢复以及对资源和收益配置失衡的矫正,其效用侧重于补偿损失和对经济效率的考虑;另一方面促进社会关系的和谐和稳定,其效用还在于避免冲突和维护社会关系的稳定。

就成本而言,对权利寻求救济的交易活动所需的交易成本(或交易费用)就是权利纠纷当事人为维护自身权益而准备、进行和监督交易履行的费用。具体包括当事人为进行救济而自行收集、处理有关信息、付诸谈判或其他行动、监督赔偿的履行等费用以及向社会中介组织支付的费用。[①]由于公力救济是通过公权力干预的管制方式进行的,为维持公权力机构的正当运转,故需要耗费大量的公共成本。对此,有学者坦言:"政府行政机制本身并非不要成本,实际上有时它的成本大得惊人。"[②]

此外,由于公力救济的垄断性,公权力机构的工作投入缺乏成本效益标准的衡量,从而导致低效率引起的私人成本增加的现象。而私力救济无须耗费公共成本,即使需要社会中介组织的参与,费用也由当事人自行承担。私力救济的竞争性[③],决定了它具有公力救济替代品的属性。此外,私力救济可以较好地规避寻租成本。由此可见,当事人之所以优先选择私力救济,主要基于利益上的考量。当然,由于私力救济缺乏强制力,可能会使救济活动陷入僵持状态,从而耗费更多的成本。当私力救济的交易成本过高,超过公力救济的成本时,当事人则会求助于公力救济,因为强制性管制有时要比相持不下的谈判更为有效,但市场的基础性作用是毋庸置疑的。正如新制度经济学家科斯所言,直接的政府管制未必会带来比由市场更好的解决问题的结果,同样也不能认为这种政府行政管制不会导致经济效率的提高。[④] 因此,在遵循私力救济优于公力救济原则的基础上,必要时要将二者结合起来加以运用,以实现优势互补。

---

① 王引:《民事纠纷解决机制的法经济学分析》,硕士学位论文,苏州大学,2005,第 31 页。

② [美]罗纳德·哈里·科斯:《论生产的制度结构》,盛洪、陈郁译,上海三联书店,1994,第 3 页。

③ 因为私力救济任何一方的行为与自身权益息息相关,作为理性的经济人,均会遵循效益最大化原则,尽可能地降低成本、提高效率,使得私力救济的成本和效益直接挂钩从而具有竞争性。

④ [美]罗纳德·哈里·科斯等:《财产权利与制度变迁:产权学派与新制度学派译文集》,刘守英译,上海三联书店,1991,第 22 页。

尽管非讼救济与诉讼救济均属于公力救济范畴,但两者在程序保障需求与目标追求方面均有不同。就程序保障需求而言,适用非讼救济方式解决决议瑕疵问题,当事人得到的正确而审慎裁判的程序保障减少,法官的裁量权增大,而诉讼救济则在于保障瑕疵诉讼当事人获得公平审判。就目标追求而言,非讼救济旨在请求法院确认决议瑕疵的存在与否;诉讼救济旨在请求法院解决决议瑕疵的争议。两者各有优劣,合理把握两者的契合度,充分实现二者的优势互补,对于解决股东大会决议瑕疵问题具有重要意义。下文拟对股东大会召集权瑕疵救济适用非讼救济手段的必要性和可行性进行分析。

二、决议瑕疵的自力救济

民法上的法律行为理论重视当事人意思自治,强调法律对当事人行为的干涉要合理适度,允许当事人以积极行为来治愈法律行为的瑕疵。股东大会决议作为一种法律行为,同样可以通过当事人的积极行为来治愈决议瑕疵。决议瑕疵的自力救济就是当事人通过自己的积极行为(如撤回与追认等方式)消除决议瑕疵的一种救济手段,旨在维护公司交易的稳定性、提高公司经营效率和保护公司相关当事人的权益。

(一)决议瑕疵的治愈

程序瑕疵和内容瑕疵构成了股东大会决议瑕疵的事由,相对于内容瑕疵而言,程序瑕疵对于公司和股东利益的损失较小,属于可容忍的缺陷。程序瑕疵主要包括召集程序瑕疵和表决方式瑕疵。如前所述,因程序瑕疵所作出的决议可能会因为不符合决议成立要件而致使决议不存在;即使符合成立要件,也可能会因不符合效力要件而使决议可撤销。[①]

因召集程序瑕疵所作出的股东大会决议,可否经全体股东一致同意而被治愈,值得探讨。立法上,一些国家对股东大会决议的程序瑕疵的治愈给予了认可,比如《法国商事公司法》规定,一切未依法召集的会议均可以撤销,但全体股东出席了或者由他人代理出席了会议的,撤销之诉不予

---

① 一般而言,程序瑕疵不会造成决议无效,但有些国家在立法上承认严重的程序瑕疵可以导致决议无效,如德国。

受理。① 美国《标准公司法》也规定,非依法定程序召集的股东大会,股东不得为公司作出决议,唯一的例外就是决议事项得到全体股东的同意,此时即使未召开股东大会,全体股东的同意也具有与召开股东大会所作出的决议同等的效力。② 英国《公司法》也规定,可以通过全体股东一致协议而免除股东大会的召开。③ 理论上的通说也认为,股东大会决议因程序上违反法律、章程规定而引起的瑕疵,如经股东明示或者默示同意,应视为瑕疵被治愈,该决议视为依法作出。④ 因为法律规定召开股东大会的程序性要求,旨在尽可能赋予全体股东出席会议的资格或机会,全体股东对召集程序瑕疵未提出异议,应视为放弃法定的撤销权,同时,承认决议的有效性,也不违反立法目的。但也有学者认为,股东大会的成立必须严格按照法定召集程序履行,每一召集程序都是蕴含法律价值的,因此不可因全员出席股东大会而被治愈。⑤ 还有学者对决议召集程序瑕疵区分不同情况加以分析,即若仅为召集通知程序上的瑕疵,所作出的决议瑕疵可以治愈;若为召集决定上的瑕疵,所作出的决议不可治愈。⑥ 理由在于:如果召集通知方式或期间违法违章,但全体股东出席了大会,应视为放弃其利益,该通知程序上的瑕疵自然因全员合意而治愈。

至于召集决定的瑕疵,涉及有无召集权的问题。立法将股东大会的召集权赋予董事会⑦,其原因是董事会是公司的业务执行机构,对公司业务最为了解。若规定召集决定的瑕疵可因全员出席被治愈,就有悖于股份公司内部机构相互制衡原则,使得公司机构的设置失去意义。事实上,股东大会会议的召集权是法律赋予召集权人的固有权,不得以公司章程或公司决议予以剥夺。如果因全体股东的出席而赋予决议有效,无异于剥夺了召集权人固有的召集权,于法于理皆相悖。

---

① 参见《法国商事公司法》第一百五十九条第二款。
② 参见美国《标准公司法》第 7 章第 4 节。
③ 参见英国《公司法》第三百六十六条 A 项。
④ 朱慈蕴:《关于公司决议瑕疵之诉的若干问题探讨》,中国经济法完善项目"2007 年度第 1 次公司法研讨会"论文。
⑤ [日]末永敏和《现代日本公司法》,金洪玉译,人民法院出版社,2000,第 110 页。
⑥ 李建伟:《公司诉讼专题研究》,中国政法大学出版社,2008,第 195-196 页。
⑦ 尽管我国现行《公司法》将召集权分别赋予董事会、监事会和股东,但仍将董事会作为第一顺位召集权人,只有其不能或不愿行使时,才能依次由监事会或符合条件的股东召集。

至于内容瑕疵的无效决议，则因其属于实质性瑕疵，对公司和股东利益的损害较严重，故不能被治愈而使其有效。但也有国家立法认可程序瑕疵也可导致决议无效，并对无效决议规定了例外情形，符合法定事由的无效决议也同样可以被治愈。如《德国股份法》第二百四十二条就集中规定了无效决议的治愈，针对不同的无效原因规定了不同的瑕疵治愈的事由：如决议未作记录或未依法定要求作记录视为无效；如决议未在商业登记簿登记注册，则不得再因此主张无效；对于无召集权人召集的股东大会或召集股东大会未在公司公告上公布致使作出的决议无效；如决议未在商业登记簿登记注册且经过三年后，则不得主张无效；对公司作出增资或减资的决议而又未在法定期限内（三个月）在商事登记簿登记的决议无效。德国法的上述规定固然考虑到各方主体利益平衡以及社会资源的节约，但其较长的期间限制则不利于维护日趋复杂的股份公司法律关系的安定性，甚至从根本上说，无论是程序瑕疵还是内容瑕疵导致决议的无效，可否被治愈，不无疑问。

（二）决议的撤回与追认

在民法理论上，有瑕疵的法律行为在未生效前可以撤回，同时也可以以追认的方式使该行为发生效力。股东大会决议作为一种法律行为，有关法律行为撤回和追认的法理对股东大会决议应有适用的空间。

决议的撤回针对何种类型的瑕疵决议，学界不无争议。通说认为，决议的撤回仅针对可撤销决议。[1] 这种观点主要是源于瑕疵决议的"二分法"或"三分法"。也有学者认为，"在以股东大会为基础的法律关系尚未发生、变更、消灭前，原则上可以相同方式的决议撤回该决议"[2]。该学者虽未指明决议的撤回所针对的瑕疵决议类型，却暗含着撤回的适用对象是可撤销的决议（即决议已生效，只是尚未产生基于此决议的法律效果）。决议的撤回须符合三个要件：一是撤回行为要采用决议的形式。二是形成撤回决议的程序要求不得低于原瑕疵决议的程序要求，即如果瑕疵决议是普通决议，撤回决议可采取普通决议或特别决议的方式；如果瑕疵决

① 钱玉林：《股东大会决议瑕疵研究》，法律出版社，2005，第287页。
② ［日］大隅健一郎、今井宏：《商法》(5)，有斐阁，1959，第188页。

议是特别决议,撤回决议只能采用特别决议。因为撤回决议本身也是一项独立的决议,如果允许以普通决议撤回特别决议,则意味着可以借助于撤回的手段规避立法上对特别决议法定表决数的要求,造成多数决原则的失当运用。三是撤回仅适用于可撤销决议。这一要件排除了撤回制度对无效决议及决议不存在的适用。事实上,无效决议与决议不存在本身就没有撤回的必要。对于公司可否主动撤回可撤销的股东大会决议,视情况而定。若公司未基于原决议与股东、第三人发生、变更或者消灭法律关系前,可以撤回该决议;但若公司已基于该决议与股东、第三人发生、变更、消灭法律关系的,则公司不能单方面撤回决议来消灭、变更该法律关系或使该法律关系重新生效。否则,无疑承认了公司享有自由确认撤销权存在与否的权利,严重危害交易安全。此时即使通过行使撤销权而使原决议被撤销,善意第三人的利益也将会因此遭受损害。值得注意的是,即使在决议不能撤回时,股东大会所作出的撤回决议并非当然无效,因为撤回的目的在于以新决议取代原决议,如原决议因瑕疵又被撤销时,撤回决议从决议时起向后发生效力。

依据民法理论,效力未定的法律行为可以追认的方式使其发生效力。所谓法律行为的追认,是指追认权人对效力未定的法律行为在事后予以承认的一种单方意思表示。效力未定的法律行为是一种尚未发生效力的行为,其效力是否发生取决于本人或第三人的承认或拒绝,既不同于无效行为,也不同于可撤销行为。法律行为的追认主要针对无权代理行为、能力瑕疵行为以及无权处分行为。股东大会决议作为一种法律行为,对于民法中的追认理论可否适用于有瑕疵的股东大会决议,从各国(地区)的立法、判例和学说来看,决议的追认制度是得到广泛认可的,但基于瑕疵决议类型划分的局限,也仅将追认针对可撤销决议或无效决议。比如日本有学者认为,具有撤销原因的决议,即使另有决议追认,该追认决议并不能使前决议的瑕疵溯及消灭,实质上只是废弃旧决议,另为一无瑕疵的新决议。[1] 再如德国曾在一判例中认为:"有瑕疵的股东大会决议,在重新作出一项无瑕疵的决议时,对前决议诉请无效或撤销权利保护的必要

---

① ［日］今井宏:《股东大会的理论》,有斐阁,1987,第239页。

性已经丧失。"①此外，现行《德国股份法》第二百四十四条也规定，如果股东大会已经通过一项新决议来确认一项可撤销的决议，并且在提出撤销请求的期限内没有人对该决议提出撤销请求，或者撤销请求已被合法地驳回，则不得再提出撤销请求。

决议的追认须符合三个要件：一是决议追认制度以瑕疵决议可被治愈为适用前提。如果股东大会内容违反强行法规定，则此瑕疵为不可治愈，不适用追认制度。二是追认行为要采用决议的形式。三是追认应当在合理的期间内作出。因为追认权在法律属性上属于形成权，民法上形成权的效力在于，仅凭权利人单方的意思表示即可决定权利人与相对人的法律关系的变动。因此，法律为平衡权利人与相对人的利益，对形成权的存续有期限的限制。②

至于在无权代理下，股东能否对无权代理人的表决行为予以追认，各国的做法不一。在美国，代理权的欠缺可以事后予以追认，而且股东对超越代理权的行为没有及时反对的，即须受其约束。③但多数学者反对决议事后追认，认为如果承认代理权的欠缺事后追认，则决议的效力势必受其左右，与公司法要求代理权授予须采取书面形式的立法目的相悖。但本书认为，追认的目的在于结束对前一瑕疵决议效力的争执状态，尽量减少该决议的实施对公司法律关系造成不稳定的影响。当然，基于股东大会决议的团体性特征，被代理股东的追认行为还要通过股东大会决议的形式予以体现。此外，在表决权的无权代理情形下，如对被代理人的追认权行使期限不加以限制，必然会使得该瑕疵决议长期处于效力不确定状态，这样将不利于相对人和无权代理人的利益，更不利于维护公司交易的安定性。至于该期限应设置为多长时间，为更好维护公司法律关系的稳定性，可借鉴民法理论上对效力未定行为行使撤销权的期间，一般应规定1个月为宜。决议追认的法律意义在于使效力未定的瑕疵决议通过事后

---

① ［日］今井宏：《股东大会的理论》，转引自钱玉林《股东大会决议瑕疵研究》，法律出版社，2005，第290页。

② 梁慧星：《民法总论》（第二版），法律出版社，2004，第230页。

③ 柯芳枝：《公司法专题研究》，转引自钱玉林《股东大会决议瑕疵研究》，法律出版社，2005，第212页。

承认消除瑕疵,使决议归为有效,其行为带有明显的补救性。

综上所述,根据"三分法"的立法模式,程序性瑕疵会导致股东大会决议不成立或可撤销,这两种瑕疵决议并非都适用私力救济。对于可撤销决议来说,通过全体股东一致同意,或通过法定程序撤回原决议,或通过事后追认等方式使其免于因起诉而被撤销,在法理上不存在障碍,因为可撤销决议的程序性瑕疵事由程度较轻,在被起诉撤销前是有效的,在公司未据此决议对外从事法律行为时,通过私力救济使其免遭起诉,不但有利于交易安全,而且也有助于商事效率的提高。但对于决议不成立来说,在法理上该决议自始至终就不存在,因此也就谈不上决议被合意、被撤回或被追认的意义。

三、决议瑕疵的非讼救济

如前所述,非讼救济与诉讼救济均属于司法救济,但二者在程序功能上各有侧重,诉讼救济更倾向于正确而慎重地裁判,而非讼救济更强调迅速经济的裁判、合目的性和妥当性的裁判。非讼救济重点强调的部分程序功能和价值取向,是适用诉讼救济难以达到的,因此,非讼救济的引入确有其必要性。至于非讼救济对象的范围,有些国家实行"法定说"(如德国和日本),即以现行法规定的形式作为判断非讼救济与诉讼救济范围的标准。事实上,非讼救济范围的确定不仅仅是个立法技术问题,更主要的是出于法政策的考量,要结合社会经济发展程度、法官的社会公信度、纷争中利益复杂程度等因素综合考虑。

就公司非讼救济范围而言,从各国的情况看,公司非讼救济的适用与其自身的公司立法的完善程度以及经济发展程度密切相关。比如《日本公司法》以较大篇幅规定了与公司债相关的非讼救济对象(如公司债管理人的选任、债权人会议的召集、决议效力的认定等)。而我国将法人登记事项归为行政机构管理,未将其列入非讼救济范围。鉴于我国公司法制的背景,可以使用非讼救济的公司纷争事件主要包括:股东查阅权的司法救济、股东(大)会的司法召集、董事司法任免的部分案件、异议股东评估权中股价的司法确定、公司清算和公司解散中的部分事件。以下仅就股东大会瑕疵决议纷争中的召集权纠纷进行非讼救济上的分析,以此论证非讼救济对于化解决议瑕疵纷争的必要性和可行性。

股东大会召集权是公司股东法定的一项救济性权利。根据"所有与经营相分离"原则，股东不直接参与公司的经营管理，少数股东基于"理性冷漠"尤为如此。公司经营管理权专属于公司管理层，股东只能通过股东大会间接参与公司经营管理。尽管我国现行《公司法》赋予股东大会对公司重大事项的决定权，但以往的公司立法却要求股东大会须由董事会召集方可举行，可见，股东大会的召开受到董事会的限制。此外，依据多数决机制，董事会的成员选任大多由多数股东控制，少数股东往往会因为受制于多数股东的董事会不召集股东大会而无法行使表决权，受到少数股东的权益损害。正如有学者所言，"在召开会议是股东进行干预的唯一办法的情况下，当多数股东认为董事在处理其权限范围内的事务所采取的行动不是为了公司的利益，禁止股东召开公司会议将是一件令人无法接受的事情"①。基于此，少数股东被各国公司立法赋予股东大会召集权。但股东大会召集权的实现并非易事，公司、与会股东以及放弃与会的股东均需要为会议的召开付出成本。因此，股东大会召集权的行使应当慎重。

一般来说，出于对召集股东大会的成本因素考虑，若非确属必要，董事会将会拒绝召集股东临时会议，故一些国家和地区的公司立法对股东的提议权进行了限制性规定，要求股东在提议召集会议时应以书面形式说明召集会议的目的、审议事项和理由，以便董事会审议该提议是否适当；以口头形式提议或虽以书面形式提议但未说明召集理由的，董事会可以拒绝召集；股东的召集请求不符合法律规定的形式要件，该股东也将失去进一步的救济。②但我国现行《公司法》对股东提议召开股东大会的要求未作出任何说明，股东一经提议召开股东大会，只要其自身符合法定的主体要件，董事会均须召集；如董事会、监事会拒绝股东的提议，无论股东的提议是否合理，股东均可自行召集、主持股东会。可见，现行《公司法》的这种规定无疑给股东召集权的滥用提供了可能。此外，具有正当目的的股东自行召集的会议往往不被公司认可，从而进一步引发关于股东大

---

① 何美欢：《公众公司及其股权证券》，北京大学出版社，1999，第605页。
② 郭越：《股东大会召集权研究》，硕士学位论文，西南财经大学，2006，第22页。

会决议效力的纠纷。这些问题,需要借助于公司非讼救济来化解。

其实,一些国家有关股东大会召集纠纷的非讼救济方面的规定可以给我们提供借鉴和启示。比如《日本公司法》第二百九十七条第一款规定,股东可向董事提出股东大会的目的事项及召集理由,并请求召集股东大会。该条第四款规定了符合法定出示要求的股东在得到法院许可后可召集股东大会的两种场合:一是提出依第 1 款规定的请求后,未不迟延地召集程序的情形;二是提出依第 1 款规定的请求之日起,未发出以 8 周内的某日为股东大会日的股东大会召集通知的情形。[①] 又如《法国商事法》第一百五十八条规定,法院在紧急情况下,应一切有关的人的要求或应至少拥有十分之一公司资本的一名或若干名股东的要求,裁决并指定代理人召集股东大会。[②] 再如美国《标准公司法》在第 7 章以专节的形式对"法院命令召开的会议"进行了规定,基于签署了一份有效的特别会议要求的股东之申请,如果法院可以确定会议的时间和地点,决定有权参加会议的股东。[③]

通过考察上述国家的相关规定,可总结如下:一是对于少数股东的股东会召集权,要么需要报经法院允许,要么报经主管机关允许,并不完全归入公司自治范畴,而是允许国家公权力的干预,但并不采用诉讼程序;二是股东大会召集权经法院或者相关主管机关同意后,要么由股东自行召集(如日本),要么由法院指定代理人召集(如法国),要么由法院决定股东会召开的时间、地点以及参加股东(如美国);三是确立了董事会、监事会在股东提议召集股东大会时履行职责的期限(如日本),以防止董事会、监事会怠于履行职责,更为了防止少数股东召集权流于形式。

四、决议瑕疵的诉讼救济

有关司法介入公司自治的正当性以及二者的契合度问题,前文已作探讨。对于股东大会决议是否具有可诉性以及如何进行诉讼的问题,值

---

① 王保树主编《最新日本公司法》,于敏、杨东译,法律出版社,2006,第 189 页。
② 褚红军:《能动司法与公司治理》,法律出版社,2010,第 98 页。
③ 沈四宝编译《最新美国标准公司法》,法律出版社,2006,第 64 页。

得进一步探讨。无论成文法还是判例法对股东大会决议可诉性的确立都经历了一个演变过程。传统上,公司以意思自治为原则,而多数决规则和商业判定规则成为法院不干预公司内部事务的隔离墙。当立法者和司法裁判者发现多数决规则和商业判定规则不足以克服公司自治所带来的弊端,尤其是少数派股东利益因多数决的滥用受到侵害,应当获得救济时,以及在公司管理层的决定缺乏独立和公正而需要给予事后评价时,司法开始介入股东大会会议,并对其进行评价和干预。然而,司法权对公司经营的介入可能会出现不当,尤其在股东因对公司事务判断时滥用诉权可能会导致公司利益受损。鉴于此,司法权对股东大会决议的介入和干预必须适度,应当对公司自治以及公司机构内部意思形成规则给予必要的尊重。

(一)决议瑕疵诉讼救济应遵循的原则

为实现诉讼救济中司法权对公司自治的适度合理干预,需遵循以下原则。

1.公司内部救济优先原则

所谓内部救济优先即公司自力救济优先适用于公力救济。其法理依据,前文已述。

2.合法性审查原则

法院只能就股东大会召集和决议方法等会议程序以及决议内容的合法性进行审查(包括对决议是否符合法律、法规以及是否符合规章的审查),对股东大会程序和内容的合理性或妥当性一般不予审查。其理由在于:一是股东大会决议的作出,本身就属于商业行为,决议是否合理和妥当取决于公司股东对公司事务的商业判断。尽管董事会掌管着公司的经营管理权,但由于公司利益与股东利益息息相关,相对于法官来说,股东基于对公司事务的了解所作出的商业判断更为妥当和合理。法官只有在公司内部处理机制失灵的情况下,才有必要请求介入公司事务并作出评价和判断,且这种判断主要为合法性判断,而一般并不是基于商业意义上的合理性判断。二是股东大会决议体现的是由股东意思转化而来的公司意思,只能由股东大会来决定,法院对瑕疵股东大会决议的判决不能替代股东大会的功能变更决议内容。[①] 否则会动摇决议形成的民主基础,也会破坏司法不干预公司内部事务的中立原则。事实上,在关涉公司决议效力纠纷的司法实践中,法院对公司决议进行司法审查的范围不尽相同,有些实行合理性审查,有些实行合法性审查,致使作出的裁判各异。如最高人民法院于 2012 年 9 月 18 日发布的指导案例《李建军诉上海佳动力环保科技有限公司公司决议撤销纠纷案》。[②] 该案的主要争议在于,董事会决议中所表述的解除总经理职务的理由及相关事实对董事会决议的效力是否产生影响,法院是否需对相关事实和理由进行审查。一审法院认为,该事实是否存在是解决案件争议的关键,从而对相关事实进行了审查,并认为董事会决议所依据的理由存在重大偏差,从而形成的董事会决议是失当的,故判决撤销该董事会决议。二审法院则认为法院对该事实是否存在不应当进行审查与认定,并作出改判,驳回原告李建军请求撤销董事会决议的诉讼请求。可见,一审法院实行合理性审查,对解聘总经理职务的理由以及所涉事实进行审查,会造成对公司内部治理的过度干预,影响公司的正常运作。二审法院的判决遵循了合法性审查原则,体现和促进了公司自治,稳定了公司法律关系,无疑是正确的。[③]

3. 维护公司行为的安定性原则

作为团体法律行为,股东大会决议是通过资本多数决的民主机制而

---

① 但韩国公司立法存在例外情形,如该国立法所规定的不当决议取消、变更之诉,仅适用于对决议有特别利害关系而不行使表决权的股东在认为决议明显不当时,可以请求法院取消或变更决议内容。

② 该案所涉董事会决议效力纠纷的司法审查范围,其相关法理同样适用于股东(大)会决议。案情如下:原告李建军系被告佳动力公司的股东,并担任总经理。佳动力公司股权结构为:葛永乐持股 40%,李建军持股 46%,王泰胜持股 14%。三位股东共同组成董事会,由葛永乐担任董事长,另两人为董事。公司章程规定:董事会行使包括聘任或者解聘公司经理等职权;董事会须由三分之二以上的董事出席方才有效;董事会对所议事项作出的决定应由占全体股东三分之二以上的董事表决通过方才有效。2009 年 7 月 18 日,佳动力公司董事长葛永乐召集并主持董事会,三位董事均出席,会议形成了"鉴于总经理李建军不经董事会同意私自动用公司资金在二级市场炒股,造成巨大损失,现免去其总经理职务,即日生效"等内容的决议。该决议由葛永乐、王泰胜及监事签名,李建军未在该决议上签名。原告诉称:公司免除其总经理职务的决议所依据的事实和理由不成立,且董事会的召集程序、表决方式及决议内容均违反了公司法的规定,请求法院依法撤销该董事会决议。参见:http://www.pkulaw.cn/fulltext_form.aspx? Db=pfnl&Gid=1183178。

③ 对于董事会无正当理由在聘任期限未届满之时解聘经理,并给经理造成损失的,被解聘的经理可以向公司请求赔偿损失。因为董事会决议是公司的意思表示,其法律后果应由公司承担。但该请求与公司决议瑕疵之诉是不同的法律关系,被解聘的经理可以另行主张。

形成的，对股东、公司机构乃至第三人均产生拘束力，一经作出并付诸实施，就会引起与公司有关的一系列法律关系的变化。如果法院随意判决决议可撤销或无效或不成立，将使以决议为基础的公司法律关系产生混乱，不利于维护交易的安全。至于对信赖该决议有效的善意第三人利益造成损害如何救济，可以借鉴日本的做法，即一方面对瑕疵决议的溯及力进行必要的限制，另一方面通过类推适用限制代表权、表见代理的规则，以保护善意第三人的利益。① 此外，还可通过立法对瑕疵决议的起诉期间加以规定，一些国家对此期间设置了较短的时间限制（如韩国立法规定决议取消之诉的起诉期间为两个月，日本立法规定决议不存在之诉的起诉期间为三个月，我国公司立法规定决议撤销之诉的起诉期间为六十日），旨在维护公司行为的安定性。

4. 不得适用和解和调解程序

在股东大会决议瑕疵诉讼中，诉讼当事人仅能就决议的有效性进行举证说明，而不具有随意变更乃至放弃决议内容的资格和权利。换言之，股东大会决议作为具有团体性的公司意思，只能通过股东多数决机制形成。如果对瑕疵决议诉讼适用和解或调解，则意味着公司可以与部分异议股东达成妥协而改变决议，这无异于同意少数派股东的意见可以成为公司意思，这种情况比讼争的股东大会决议瑕疵本身所产生的危害更恶劣。

（二）决议瑕疵的诉讼类型及性质

1. 决议瑕疵诉讼类型划分

在大陆法系国家及地区的公司立法中，多数都规定了股东大会决议瑕疵的诉讼救济制度，而在英美法系国家的公司立法中鲜有此方面的相关规则。在英美法系国家，若决议存有瑕疵，相对人一般通过其他手段（比如基于公司管理层对其忠实义务和勤勉义务的违背）以达到对决议否定之目的。股东大会决议瑕疵诉讼类型的划分主要以瑕疵类型和诉讼效力为标准，基于瑕疵决议存有"二分法"与"三分法"之别，故决议瑕疵诉讼

---

① 参见《日本商法典》第二百八十条第十七项及第四百一十五条。

也主要存在"二分法"与"三分法"两种立法模式。所谓"二分法",即将股东大会决议瑕疵之诉划分为撤销之诉与无效之诉,如德国、法国、意大利;所谓"三分法",即将股东大会决议瑕疵之诉划分为撤销之诉、无效之诉与确认决议不存在之诉,如日本。此外,还有个别国家将股东大会决议瑕疵之诉划分为四类,如《韩国商法典》将此类诉讼划分为取消之诉(撤销之诉)、无效之诉和决议不存在的确认之诉以及变更之诉。而韩国法上的不当决议取消、变更之诉是指与股东大会决议有特别利害关系而不能行使表决权的股东,以决议不当为由请求取消或变更决议的诉讼。[①] 其宗旨在于当少数股东利用利害关系股东不能行使表决权的机会恶意形成不公正决议时,通过司法救济以恢复决议的公正性。

股东大会决议瑕疵诉讼均有其独立的制度价值。其中,撤销之诉是通过恢复股东大会意思形成的公正性及合法性,来维持公司正常运营的制度,旨在维护撤销权人合法利益的同时,尽量兼顾公司法律关系的稳定。无效之诉是通过对决议作出直接的否定性评价以保护法律关系的安定性以及交易安全的制度,旨在确定决议当然的绝对无效。不存在之诉则是通过对决议成立与否的事实判断,对程度瑕疵非常严重的决议从法律上否定其存在的制度,旨在从根本上否定决议的存在,以阻止该决议的执行或将已执行的决议恢复原状。

对于上述各类瑕疵诉讼在判决效力方面也有所不同,决议不存在根本无所谓效力的问题,决议无效也是自始不生效力,因此确认决议无效及不存在的判决有绝对的溯及力。可撤销的决议在被判决撤销前是有效的,撤销后则决议自始无效。决议的撤销有可能涉及善意第三人的信赖利益,但撤销判决对于公司内部人与外部善意第三人的效力有所区别。此外,对于各决议瑕疵诉讼的起诉期间是否受到限制方面,下文拟作探讨与分析。

2.决议瑕疵诉讼的性质

关于诉讼性质的划分,学理上存有"二分说"和"三分说"之别。有观点(主要为苏联和俄罗斯民事诉讼法学主流学者)主张把诉讼分为给付之

① [韩]李哲松:《韩国公司法》,吴日焕译,中国政法大学出版社,2000,第431页。

诉和确认之诉两类，即"二分说"；也有观点（主要为德国、日本和我国的通说）主张将诉讼分为给付之诉、确认之诉与形成之诉三类，即"三分说"。就决议瑕疵诉讼的性质而言，因诉讼当事人诉讼请求的目的和内容不同，各类瑕疵诉讼的性质也有所差异。

（1）决议撤销之诉的性质。通说认为，决议撤销之诉属于形成之诉，因为决议撤销之诉是以使已发生法律效力的决议依判决归于无效为目的，而非以当然确认无效之决议为目的。[①] 但目前我国也有学者认为股东大会决议撤销之诉实质上属于确认之诉。其理由在于：确认之诉是原告请求承认其拥有争议的权利或者请求承认存在或不存在所争议的法律关系的诉。形成之诉就是原告请求承认其对被告拥有形成权。也就意味着，法院在形成之诉中的任务是确认形成权存在，而导致法律关系发生、变更或消灭的根本原因在于形成权的行使。反过来，原告提起形成之诉如果遭到败诉判决，则属于判断原告私法上形成权不存在的消极确认判决。因此，形成之诉不能成为独立的诉讼类型，也不能分别归入确认之诉和给付之诉，而只属于确认之诉，最多只能是确认之诉中比较特殊的情形而已。[②] 事实上，决议撤销之诉就是法院确认原告是否拥有对被告的撤销权，而基于股东大会瑕疵决议的公司法律关系是否发生变化取决于撤销权的行使。若原告败诉，则意味着原告的撤销权被否认，否则，其撤销权被认可。因此，将决议撤销之诉归为确认之诉较为合理。将决议撤销之诉归为确认之诉，不仅从理论上廓清了决议撤销之诉作为形成之诉的错误认识[③]，也有益于公司司法实践。基于股东大会决议瑕疵事由识别上的模糊性，就容易导致原告对决议瑕疵诉讼的错误选择，并由此需要承担基于这种错误而产生的危险。有鉴于此，有必要将股东大会决议瑕疵诉讼均归为确认之诉，使其诉讼标的同一化，从而可以使原告避免负担以上风险。否则，有可能出现如下情形：如原告自己判断为无效事由并提起

[①] 柯芳枝：《公司法论》，中国政法大学出版社，2004，第253页。

[②] 陈桂明、李仕春：《形成之诉独立存在吗？——对诉讼类型传统理论的质疑》，《法学家》2007年第4期。

[③] 通说认为，形成之诉由法院通过判决直接变更法律关系，这种观点违背了审判权的本质和法院的任务。因为形成之诉在本质上就是原告请求法院承认其对被告拥有形成权。

无效之诉,而法院判断是撤销事由,那么原告就难以胜诉。不仅如此,如果撤销之诉已过起诉期间,那么原告将彻底丧失提起撤销之诉的机会,而且,决议瑕疵诉讼标的同一化,还可以避免原告陷入讼累之困境,比如在股东大会决议撤销之讼中,原告败诉后可能会再提起决议无效之诉或不存在之诉,从而体现了诉讼经济和效率原则。

(2)决议无效之诉的性质。通说认为,决议无效之诉为确认之诉,其理由在于:一是如果将无效之诉视为形成之诉,则决议无效只以诉讼方式主张,那么违法决议一经作出即为有效,自判决确认无效后才失去效力,这显然有悖立法初衷;二是如规定只能以诉讼方式来主张决议无效,那么提起以决议无效为理由的请求时,如提起违法分派股利的返还请求、对董事的损害赔偿请求时,就等于要求双重程序,因此不尽合理。[1] 但也有观点认为决议无效之诉属于形成之诉。其理由在于:一是决议无效之诉不是要确认决议的有无,而是要否定已有决议的效力。基于形成之诉则可引起法律关系的产生、变更或消灭之法理,故得出此论。二是既然法律上对决议无效确认纠纷明定了诉讼程序,对判决赋予了对世性效力,那么应视为形成之诉,这样才可以实现团体法律关系的划一。[2] 事实上,依据民事诉讼法原理,确认之诉是指当事人请求法院消除当事人之间的民事权益争议,查明当事人之间一定的民事法律关系是否存在的诉讼。其主要特点在于法院仅需确认当事人之间的法律关系是否存在,而无须判决败诉方为一定的民事义务。而决议无效之诉的任务就在于法院依据当事人请求来确认决议效力是否存在,进而以此判断基于该决议而产生的公司法律关系是否存在。基于此,决议无效之诉应为确认之诉。

(3)决议不存在之诉的性质。如前文所述,决议不存在的事由是因为股东大会或决议欠缺成立要件,完全属于程序上的瑕疵,且瑕疵程度非常严重,以至于使得股东大会无决议资格或者虽有决议资格但决议无法形成。尽管有些国家和地区的公司立法并未将股东大会决议不存在之诉作为一种独立的诉讼类型,但在公司实务中确实存在此类案件,比如因无召

---

① 谢文哲:《公司法上的纠纷之特殊诉讼机制研究》,法律出版社,2009,第123页。
② 李志刚:《股东大会决议问题研究——团体法的视角》,中国法制出版社,2012,第233页。

集权人召集的股东大会形成的决议、完全未召开股东大会而伪造的决议等事由引起的讼争。决议不存在之诉的主要特点就是请求法院对讼争决议是否符合股东大会会议召集的成立要件以及是否符合决议的成立要件进行认定，进而判断基于此决议所产生的法律关系是否存在。可见，决议不成立之诉中原告的诉讼目的在于否定决议这一法律行为的成立，即要求法院确认决议不存在的法律事实，故从性质上来看，决议不存在之诉理应属于确认之诉。

综上所述，将决议瑕疵诉讼的性质均认定为确认之诉，在理论和实践上均有积极意义：一方面，从法理上明确决议撤销之诉本身就属于确认之诉，从而匡正了一直以来对撤销之诉性质上的错误认识；另一方面，有助于在公司实践中对股东大会决议撤销之诉、决议无效之诉以及决议不存在之诉的统一化处理，即基于决议瑕疵之讼中的诉讼标的均有涉及对决议效力的确认，在当事人误认瑕疵事由造成诉讼选择上的错误时，按民事诉讼法的当事人主义原则，只要原告适格，应允许当事人变更其诉讼请求，法院也有责任进行释明，帮助当事人选择正确的诉讼类型进行起诉。这样有利于节约公司诉讼成本和司法资源，更好地体现了诉讼经济原则。当然，当事人在提起上述瑕疵之诉时，还可提出其他派生诉讼请求，如在提起决议无效之诉的同时，若出现因瑕疵决议的执行造成其损失的情形，还可提起损害赔偿之诉。

（三）决议瑕疵的诉讼构造

1.决议瑕疵诉讼原告的确立

司法区别于行政的主要特性就是其被动性，"无原告即无法官"这句古老的法谚形象地说明了司法的被动性或保守性，同时也说明了原告在整个民事诉讼中的基础地位。可以说，适格的原告对诉讼程序的推进起着至关重要的作用。根据民事诉讼法理的通说观点，原告是以自己名义向法院提起诉讼，从而引起民事诉讼程序发生的人。此外，"无利益即无诉权"的西方法谚表明，作为处于争议状况中而寻求诉讼救济的民事权利必须有保护的必要，否则不可能获得司法的最终认可和保护。因此，在民事诉讼中，适格的原告应具有诉权，即与案件有法律上的利害关系。就股东大会决议瑕疵之诉而言,由于决议撤销之诉、决议无效之诉及决议不存在之诉从本质上说均属于确认之诉,依确认之诉的性质,原告对判决所确认的法律关系具有法律上的利害关系即可,故提诉主体应包括但不限于股东、董事与监事。

(1)股东。为鼓励股份公司股东参与公司经营民主决策和民主监督,保护中小股东的合法权益,法律应当鼓励和保护股东通过诉讼手段维权,因此股东对瑕疵决议提起诉讼的法律门槛不应过高。因此,从法理上说,任何与讼争决议有利害关系的股东,均可单独或联合其他股东,提起决议瑕疵之诉。至于股东持股时间长短、持股份额大小、是否具有表决权①、是否出席了股东大会②、是原始股东还是继受股东等并不影响原告的主体资格。实际上,法律赋予每位股东对瑕疵决议的诉权,完全是基于权利与义务配置相平衡的基本理念。法律要求股东大会决议对每位股东具有法律拘束力的前提是,假定股东大会决议内容合法合章、程序合法合章。倘若决议的内容或程序存在瑕疵,则股东大会决议对每位股东不再具有任何拘束力。而且,决议对每位股东的法律拘束力意味着,中小股东也不因为其持股份额少而免于接受决议的束缚。既然每位股东(包括中小股东)有义务承受决议创设的风险与不利益,每位股东当然有权通过行使诉权来启动诉讼救济程序,进而彻底摆脱瑕疵决议的不当负担。

但为预防股东滥诉的道德风险、尽量维护公司团体性法律关系的安定性、并实现实体权利与程序权利之间的均衡配置,有必要对决议瑕疵之诉的原告资格设置限制,比如可将股东资格的维持作为原告提起诉讼并确保诉讼程序正常进行的必要条件。即股东自起诉到法院判决生效时应始终具有股东资格,一旦在诉讼期间转让股份,即丧失原告资格,但其后手可自动继受原告资格。至于是否要求原告股东在决议形成时和提起诉

---

① 因为诉权不是表决权的范畴,而是与表决权并列的股东权。就法理而言,无表决权股东除不享有表决权外,应当享有其他股东权利如召集权、质询权等。就现实而言,股东大会决议可能会对无表决权股东利益产生不利影响,因此一律排除无表决权股东对瑕疵决议的诉权有失公允。

② 原因在于:出席权是股东享有的一项重要权利,作为一项私权利,股东可以行使,也可以放弃,股东缺席股东大会只意味着放弃了出席权和表决权的行使,并未有放弃诉权之意;此外,股东大会决议形成后,对出席股东和缺席股东均发生效力,如决议涉及其权益,缺席股东对瑕疵决议存在诉讼利益,因此应对瑕疵决议享有诉权。

讼时均具有股东资格，值得探讨。有学者认为，不要求股东为决议时的股东，只要是起诉时的股东即可。[①] 也有学者认为，若决议时尚未取得股东资格，即使股东大会决议存有瑕疵，因未涉及其权益，其无从取得此形成权，因此，决议时具有股东身份者，方能起诉。事实上，原告股东在起诉时须具有股东资格，不言而喻，但不限于在决议时也须具有股东资格。若在决议形成之后发生股份转让，受让股东能否提起瑕疵之诉取决于其前手在决议时是否享有诉权。此外，还可通过立法要求原告股东在起诉时须提供担保等措施来防止股东滥诉。后文拟就决议瑕疵之诉的诉讼担保问题进行分析。

关于决议瑕疵诉讼的股东原告方面，有些问题尚需探讨。比如若某股东在参加股东大会决议时已知悉程序瑕疵但未当场提出异议甚至积极参与表决，则其事后可否再向法院提起决议瑕疵之诉？笔者认为，为促使股东及时发现决议程序瑕疵，方便股东大会及时纠正瑕疵，提高团体性决议的稳定性和公信力，此类股东无权提起决议瑕疵之诉。但这并不妨碍其他股东提起决议瑕疵之诉。倘若股东大会程序确有瑕疵，如无召集权人召集了股东大会，但全体股东出席大会，并在无异议情况下一致通过了决议，则出席股东不享有决议瑕疵的诉权，从这些股东受让股份的后手也不享有决议瑕疵的诉权。至于对决议投赞成票的股东以及瑕疵出资的股东可否就程序瑕疵的决议提起瑕疵之诉，也值得进一步探讨。

（2）董事、监事。如前所述，民事诉讼的原告是与案件存在利害关系的人。公司董事、监事是否对股东大会决议存在利害关系？在立法和学说上大多持肯定观点。理由在于：一是决议瑕疵之诉不仅有关股东利益，更关涉公司利益，董事、监事分别负有执行股东大会决议和监督决议的合法与否的义务和职责，就瑕疵决议提起诉讼也是其履行义务和职责的体现，否则可能就因此造成的损害而对公司承担损害赔偿责任。即使在决议不成立时，董事、监事虽无执行和监督对象，但若董事故意执行不成立的决议或监事故意不提起不存在之诉从而导致公司利益受损，也同样承担赔偿责任。二是对关涉董事、监事任免和报酬事项的股东大会决议，决

---

① ［韩］李哲松：《韩国公司法》，吴日焕译，中国政法大学出版社，2000，第417页。

议的效力状况与董事、监事有着直接的利害关系。因此,公司董事、监事确实具有确认决议瑕疵是否存在的利益,完全存在运用诉讼对瑕疵决议予以救济的必要性与实效性,即具有诉的利益。故应认可董事、监事具有决议瑕疵之诉的原告资格。

(3)董事会、监事会。至于董事会、监事会以及公司本身是否具有决议瑕疵之诉的原告资格,观点不一。有观点认为,董事会、监事会作为团体内部机构,没有民事主体地位和诉讼资格,因此不应纳入原告范围。[①]但也有观点认为,将董事会、监事会列入原告范围,有利于发挥公司机构的相互制衡功能。笔者认为,公司利益是股东、债权人和职工利益赖以实现的根本保证。在公司利益受到瑕疵决议的损害时,作为公司机构的董事会、监事会应当及时行使诉权,通过诉讼挽回损失,这完全符合"无利益无诉权"所蕴含的诉讼法理。尽管董事会、监事会作为抽象的内部机构,无法同自然人一样直接以自己名义起诉,但可以通过董事长或代理董事、监事会主席或代理监事以公司名义提起诉讼。况且,在大量公司实践中,股东的诉权往往也是基于公司机构怠于行使其诉权为前提的。比如"在某些情况下,公司机构的组成人员就是损害公司利益的行为人,或者不是公司利益的侵权行为人,却与侵权人狼狈为奸,这就必然造成公司诉权行使之懈怠"[②]。事实上,认可董事会、监事会具有决议瑕疵之诉的原告资格,也就认可了公司具有原告资格。

(4)公司职工。至于公司职工是否具有决议瑕疵之诉的原告资格,有学者认为,公司职工也具有原告资格。但也有观点认为,职工对涉及职工的决议内容有意见,可以《中华人民共和国劳动合同法》(简称《劳动合同法》)为基础起诉公司,而不是以自身的名义去诉请认定股东大会决议无效。因为职工与公司之间是劳动合同关系,即属于团体外部关系。[③]事实上,对于职工可否提起决议瑕疵之诉,关键是看职工与案件是否具有利害关系,即是否具有请求法院确认决议瑕疵是否存在的利益。股东大会

---

① 李志刚:《股东大会决议问题研究——团体法的视角》,中国法制出版社,2012,第223页。

② 刘俊海:《论股东的代表诉讼提起权》,载王保树主编《商事法论集》第一卷,法律出版社,1997,第83-160页。

③ 李志刚:《股东大会决议问题研究——团体法的视角》,中国法制出版社,2012,第224页。

决议作为公司意思,对于关涉职工利益的决议理应对职工产生拘束力,该决议能否成立、是否有效与职工存有直接的利害关系,故应允许工会代表职工就该决议瑕疵的确认提起诉讼,以阻止或促使该决议的执行或将已执行的决议恢复原状。当然,对于无涉职工利益的决议,公司职工没有提起诉讼的资格。

(5)第三人。关于第三人能否成为决议瑕疵之诉原告,一般而言,股东大会决议本身并不直接与公司外第三人发生法律关系,须通过公司代表机构依据决议进行的代表行为方能发生法律关系。因此,股东大会决议对第三人并无直接的拘束力,即第三人一般不具有提起确认股东大会决议瑕疵之诉的法律上的利益。除非决议成为公司与第三人进行交易行为的成立或生效要件(如公司的营业转让行为),从而使得第三人对决议瑕疵有法律上的利益。否则,第三人不能提起决议瑕疵之诉。

2.决议瑕疵之诉被告的确立

对于股东大会决议瑕疵之诉的被告,国外公司立法和学说上大多认为公司是该类诉讼的适格被告。如《日本公司法典》第八百三十四条第十六项规定,股东大会决议不存在之诉的被告是该股份公司;再如《德国股份法》第二百四十六条第二项规定,决议瑕疵之诉应指向公司。国外学者普遍认为决议瑕疵之诉的被告应为公司。尽管我国公司立法对此未作明确规定,但许多相关判例中大多将公司作为此类诉讼的被告。国内学者也大多持相同观点。但也有观点认为,在现行民事诉讼制度下,应当以争议股东为被告。[1] 还有学者认为,根据引起决议瑕疵原因不同,应分别由提案董事或股东大会召集人为被告。[2]

事实上,将公司作为决议瑕疵之诉的被告具有较强的正当性。因为股东大会决议体现的是公司的意思,只有公司对股东大会决议具有处分权,决议的法律效果只能归属于公司,诉讼结果也只能直接归于公司,而且通过将公司作为被告,可以对与公司相关的利害关系人都产生效果。[3]

---

① 李志刚:《股东大会决议问题研究——团体法的视角》,中国法制出版社,2012,第228页。

② 石纪虎:《关于股东大会决议效力的探讨》,《政治与法律》2009年第5期。

③ [韩]李哲松:《韩国公司法》,吴日焕译,中国政法大学出版社,2000,第84页。

如果将争议股东列为被告,明显有悖于现代公司"所有权与经营权相分离"的基本逻辑。鉴于此,应将公司作为被告较妥。作为被告的公司,应由董事会和监事会作为其代表参加诉讼,如股东或监事会或监事作为原告起诉时,应当由董事会代表公司(通常由董事长或其代理人以公司名义参加诉讼);如董事会或董事作为原告起诉时,则应当由监事会代表公司(通常由监事会主席或其代理人以公司名义参加诉讼)。对于有关原告在以公司为被告的瑕疵诉讼中胜诉时诉讼费用由谁承担的问题,笔者认为,诉讼费用不应由公司买单,否则会出现因少数股东的不法行为造成的不利后果由公司全体股东(包括与不法行为无涉的股东)来承担的不公现象。为此,较为合理的做法是:不妨应先由公司垫付,再由公司或其他股东向作出瑕疵决议的股东追偿。

3. 决议瑕疵之诉第三人

依据民事诉讼法理,诉讼第三人在诉讼中具有独立的诉讼地位,可独立实施诉讼行为。其中,有独立请求权的第三人对被告和原告之间的诉讼标的有独立的请求权,而无独立请求权的第三人对被告和原告之间的诉讼标的无独立的请求权,其仅因与案件处理结果有法律上的利害关系而参加到诉讼中来。[①] 无独立请求权的第三人无权变更、承认或放弃当事人所提出的诉讼请求,无权请求和解,无权申请执行,但可以自己的名义参加诉讼。在决议瑕疵之诉中,有可能存在反对决议瑕疵判决的利害关系人,因为该判决可能损害其利益。因此,为了保护这些利害关系人的利益,应允许其作为无独立请求权的第三人参加诉讼以辅助其中一方。决议瑕疵之诉中仅存在无独立请求权的第三人,不存在有独立请求权的第三人。其原因在于:此类诉讼作为一种确认之诉,仅存在决议成立与否、有效与否的争论。决议瑕疵之诉中的第三人所作出的承认、放弃等处分诉讼标的的行为均不生效力。基于股东、董事、监事公司外的第三人与决议之间存在不同的法律关系和法律利益,均有可能对瑕疵决议的判决存有利害关系,故其均可以作为无独立请求权的第三人参加决议瑕疵之诉。

---

① 江伟主编《民事诉讼法》,高等教育出版社,2000,第123-125页。

4.决议瑕疵之诉的起诉期间

对于决议瑕疵之诉是否需要起诉期间限制,有观点认为,决议撤销之诉应有期间限制,而不存在之诉、无效之诉没有起诉期间,因为从瑕疵的性质来看,该瑕疵是不能以时间的经过来治愈的,因而有诉益者随时可以公司为被告提出诉讼。[①] 但绝大部分观点认为决议可撤销之诉、无效之诉以及不存在之诉均需要起诉期间的限制。其理由在于:基于股东大会决议这一团体法律行为的特殊性,决议瑕疵之诉的提起应设置一定的期间限制,因为作为组织体的公司,与决议有关的公司内外部法律关系纷繁复杂,只有在此类诉讼中适用期间限制,才能避免公司法律关系的不确定,与保障公司交易安全、稳定经济秩序的法律宗旨相吻合。此外,股东大会决议的成立与生效要件大多为程序性要件,是否履行召集程序以及决议是否符合资本多数决要求等程序要件是由公司承担举证责任予以证明,若无期间限制则意味着公司必须永久保存这些相关证据和材料,否则,公司可能会承担举证不能的不利后果,这样显然对公司有失公允。至于决议瑕疵之诉的起诉期间究竟设为多长,则是立法政策和立法技术问题。但基于决议的特殊性考量,该期限不宜过长,一般为一至三个月。至于起算点的确定,学界观点不一。有学者认为,从决议作出之日起算;也有学者认为,从当事人知道或应当知道决议作出之日起算;还有学者认为,从公司履行决议送达义务之日起算。[②] 至于该期间是诉讼时效还是除斥期间,学界观点也不一致。事实上,基于维护公司法律关系安定性之考虑,将其视为除斥期间较为妥当;同时,基于对当事人利益维护的公平性,该期间应从当事人知道或应当知道决议作出之日起算。一旦期间经过,即使向法院提起诉讼,法院也会作出不予受理或驳回起诉的裁定,该决议视为决议成立或决议有效。

5.决议瑕疵之诉判决的效力

股东大会决议瑕疵之诉本质上是确认之诉,判决的效力首先关涉公司意思是否形成,进而关涉因执行瑕疵决议而发生的其他法律关系的效

---

① 瞿静:《论股东大会决议瑕疵诉讼救济制度》,《人民司法》2005 年第 2 期。
② 叶林:《股东会会议决议形成制度》,《法学杂志》2011 年第 10 期。

力问题,这也是股东大会决议瑕疵救济的终极目标所在。据此,决议瑕疵之诉的判决效力实际上就是判决的对世效力和溯及效力问题,其中对世效力关涉判决拘束力所及的对象范围,关注的重点在于确定判决对当事人和第三人的拘束力;溯及效力则关涉确定判决对因执行该决议发生的法律关系是否恢复原状,关注的重点在于判决对于其生效以前的事件和行为是否适用。

(1)判决的对世效力。对世效力存在片面对世效力与全面对世效力之别,所谓片面对世效力是指确定判决仅在原告胜诉时产生对世效力,败诉判决仅约束诉讼当事人。所谓全面对世效力是指无论原告是否胜诉,确定判决均具有对世效力。有学者认为,股东大会决议瑕疵之诉判决具有全面对世效力,即判决效力及于诉讼当事人、公司机构、股东以及相关的第三人。其理由在于,股东大会决议具有固定而多数人与公司建立同种法律关系的团体性特征,因此有必要对他们划一确定。[1] 如果在部分人的法律关系上有效,在其他人的法律关系上视为无效,则会引起团体法上法律关系的混乱。[2] 事实上,决议瑕疵之诉判决的对世效力会因起诉人是否胜诉而有区别。若原告胜诉,除确认原告诉权存在的效力外,并有使决议瑕疵涤除的形成力。这种形成力的效力显然及于当事人、各公司机构、各股东以及相关第三人。如《日本公司法典》第三百八十三条明确原告胜诉后的判决生效后对第三人也有效力。原告胜诉判决形成后,其他的适格原告不得就相同决议再提起相同类型的诉讼,否则不予受理或予以驳回。若原告败诉,判决仅有确定原告诉权不成立的性质,其效力不及于其他适格原告,即其他适格原告可以再次提起同一类型的决议瑕疵之诉,并且法院仍应就其诉权是否存在加以审查并形成判决。《日本公司法典》对于股东大会决议无效、撤销和不存在之诉,判决片面对世效力的规定既考虑了对重复诉讼的规制,也顾及了对第三人程序权的保障,在一定程度上保证了判决的稳定性,也有利于防止个别股东的缠讼行为。但是,对于原告败诉的判决不具有对世效力,其他适格原告仍可

---

[1] [韩]李哲松:《韩国公司法》,吴日焕译,中国政法大学出版社,2000,第417页。

[2] 钱玉林:《股东大会决议瑕疵的救济》,《现代法学》2005年第3期。

提起相关诉讼。对于股东大会决议撤销之诉，因为只有三个月的起诉期限，在原告败诉后起诉期限大多已经届满，其他原告再行提起撤销之诉的可能性很小。因而，在撤销之诉中，全面对世效力和片面对世效力产生的实际结果并无太大差别。但在股东大会决议无效和不存在之诉中并未规定起诉期间，导致片面对世效力在原告败诉时难以规制重复诉讼。若采取全面对世效力，即对于股东大会决议之诉无论原告是否胜诉均具有对世效力，就会剥夺适格当事人再行诉讼的权利，有可能导致对第三人利益的侵害。① 当然，在公司实践中，为避免因超过起诉期间而丧失起诉机会，适格原告往往选择作为共同诉讼人参加诉讼，更有利于自身诉权的实现。

（2）判决的溯及效力。关于决议瑕疵之诉判决的溯及力问题，学界有不同的看法。有观点认为，依据民法上的法律行为理论，被判决撤销或无效的法律行为均有溯及力。因此，股东大会决议作为一种法律行为，其瑕疵之诉判决也应具有溯及效力。其中，韩国学者李哲松的观点较具代表性，该观点认为，对于须以股东大会决议的事项，在股东大会决议被撤销而自始无效后，也随之绝对无效，即使善意第三人也不能主张其效力。② 也有观点认为，商事交易特别注重外观主义与维护交易安全，在公司与第三人的交易中，第三人注意的是公司的意思表示外观，并依其外观确定法律后果，而无义务也无能力去调查该意思表示是如何形成的。③ 这就意味着决议瑕疵之诉判决对第三人不具有溯及力。事实上，无论规定此类诉讼判决有溯及力还是无溯及力，均不合适。理由在于：如果决议瑕疵判决具有绝对的溯及力，以该决议为基础而发生的法律行为也将被溯及无效或不存在，在此种法律行为关涉第三人利益时，将会造成交易秩序的混乱；如果决议瑕疵判决不具有溯及力，则决议瑕疵之诉就没有提起的意义，该项制度也就失去了存在的必要。鉴于此，对于决议瑕疵之诉判决溯及效力的判断，应根据因瑕疵决议而生的法律关系是否及于第三人加以区别对待。若因决议而生的效果仅及于公司内部关系，比如有关公司董

---

① 蒋丽华：《日本股东大会决议之诉的体系与借鉴》，《湖北工程学院学报》2021年第5期。
② ［韩］李哲松：《韩国公司法》，吴日焕译，中国政法大学出版社，2000，第349页。
③ 王保树：《从法条的公司法到实践的公司法》，《法学研究》2006年第6期。

事、监事的选任或报酬的事宜等，未关涉公司、股东之外的第三人权益的，显然只有将决议瑕疵以及据此发生的法律关系溯及自始无效，才符合对瑕疵决议进行救济的真正目的。若因决议而生的效果关涉公司、股东之外的第三人利益，要进一步区分公司与第三人的交易是否以决议为前提或条件来加以分析：如果不以决议为前提或条件，判决不会影响交易的成立与进行，也就不会危及第三人利益，此时无须考虑交易安全而应规定判决具有溯及力；如果交易是以决议为前提或条件的（如营业转让、公司合并事宜等），此时基于维护交易安全，稳定交易秩序，保护善意第三人利益之考虑，应规定判决不具有溯及力。尤其是在以决议为前提或条件的交易行为已经发生一定后果的情况下（如新股发行等），要溯及回复交易前的状态，其破坏力更为严重。至于如何保护决议瑕疵之诉判决中关涉的善意第三人利益，不妨类推适用民法上的表见代表和表见代理的法理来保护善意第三人。详言之，对于代表董事基于瑕疵决议而代表公司与第三人成立的交易行为，即使该瑕疵决议被判决撤销或无效或不存在，依据公司对代表董事代表权的限制不得对抗善意第三人之法理，该董事作为代表公司所进行的交易行为可以通过表见代理、表见代表等规定来保护善意第三人。这样既达到保护第三人的目的，也避免了"一项判决不同效力"的逻辑悖论。

综上所述，股东大会决议瑕疵之诉判决是否具有溯及效力的判定标准有：一是判决原告是否胜诉；二是若原告胜诉，基于决议所形成的法律效果是否关涉公司、董事、监事及股东之外第三人利益；三是若关涉到第三人利益，公司与第三人的法律行为是否以决议为前提或条件；四是若公司与第三人的法律行为是以决议为前提或条件的，第三人是否存在善意。上述四个标准是层层递进的关系，须逐步推演方能作出正确判断。正是这些标准的适用，才能要求法官对此类诉讼投入更多的精力和智慧，进行更多的利益衡量，创造出更加精细复杂的司法判例规则。正如美国大法官斯卡利亚所言，与规则相比，标准意味着需要法官投入更多的司法活动,这就使得司法介入和干预变得更加必要。①

6.决议瑕疵之诉的裁量驳回

所谓裁量驳回是指法院审理决议瑕疵之诉案件时,可以对决议瑕疵程度进行衡量,如瑕疵程度轻微且不影响决议的成立或生效时,可以对原告的诉讼请求予以驳回的制度。该项制度最初源于1938年修正的《日本商法典》,该法第二百五十一条规定,股东大会决议撤销之诉,法院可以权衡决议内容、公司现状及其他一切事情,认为撤销不当时,可以驳回起诉。后来又在2005年修正的《日本公司法典》中作出更为具体的规定。如该法第八百三十一条第二款规定,股东大会的召集程序或决议方法违反法令或章程,且违反事实不重大,对决议形成不造成影响,可以裁量驳回撤销决议的诉讼请求。韩国公司立法也从日本引入了该项制度,如《韩国商法典》第三百二十九条规定,在提起撤销之诉时,法院可参照决议内容、公司的现状及其他事项,认定取消不适当,可以驳回其请求。从上述立法例来看,裁量驳回制度貌似仅适用于撤销之诉。事实上,所有决议瑕疵之诉均可使用该项制度,因为无效之诉、不存在之诉同撤销之诉一样,均属于确认之诉,均应有起诉期间的限制,讼争决议所存在的瑕疵均具有超过起诉期间而被视为有效的特征。正如有学者所言,关于决议取消、无效之诉等一部分诉讼,即使原告的主旨有理由,法院考虑各种情况,可以裁量驳回起诉。②

设置裁量驳回制度旨在维护公司团体性法律关系的稳定性、减少公司讼争的解决成本以及提高公司经营效率。可见,裁量驳回制度实际上蕴含着法经济学的理念。然而,该项制度在很大程度上隐含着"重结果,轻程序"的价值取向,并倾向于否定少数派股东对股东大会决议的影响。因为裁量驳回制度是基于多数决原则而设计的,主张轻微的决议瑕疵不会构成对决议结果的影响,因而可以被忽略。这种制度理念显然有悖于作为团体性法律行为的决议形成中所秉承的程序性原则。针对裁量驳回

---

① Scalia, Antonin. The Rule of Law as a Law of Rules, 56U. CHI. L. REV1175(1989), pp. 1179-1181.

② [韩]李哲松:《韩国公司法》,吴日焕译,中国政法大学出版社,2000,第82页。

制度利弊俱存的性质,即使立法上明确规定该项制度,法院在审理决议瑕疵之诉案件中,仍要综合考量公司成本、经营效率、交易安全、程序正当、公平正义等要素,权衡是否采用裁量驳回制度。

　　尽管我国现行《公司法》未规定针对瑕疵决议的裁量驳回制度,但《公司法司法解释四》规定了可撤销决议中的裁量驳回制度。[①] 裁量驳回制度作为可撤销决议的例外情况,在实务中需要结合《公司法》以及法官的自由裁量权进行适用。但在实践中,对召集程序和表决方式仅有轻微瑕疵、对决议没有实质影响的程序性瑕疵,是否会导致决议可撤销,法院的裁判尺度不一。决议可撤销制度的设立宗旨偏重规范公司的内部治理,而召集程序和表决方式仅有轻微的瑕疵且没有实质影响的决议对公司治理规范的负面影响较轻,无须作出决议可撤销的判决。这就导致程序瑕疵在实践中认定的进一步细化:程序瑕疵构成决议可撤销的事由,但不是绝对的可撤销。然而,在实践中需要严格审查适用可撤销决议裁量驳回的“轻微瑕疵”的范围,那么如何理解“轻微瑕疵”便成为立法和实践上的双重难题。虽然理论和实务没有对此进行类型化的梳理,但在司法实践中逐渐确立起来的“相关性理论”,即强调程序性瑕疵规范的意义在于“保证每位股东都能够公平地参与公司治理中多数意思的形成以及获知相关的信息”[②],这也成了一项判断标准。比如现行《公司法》规定在股东大会召开之前应当提前二十日通知各股东,但召集权人只提前了十天通知;或者章程规定应当以书面的形式通知,但是召集权人以电话或者邮件的方式通知,且明确股东已收到相关通知。这些情况虽然属于程序性瑕疵,但是并没有妨碍股东公平地参与决议的形成和获知必要信息的权利,应当认定为人民法院可以裁量驳回的“轻微瑕疵”。但是如果是因为小股东的持股比例极小、对决议结果不会产生实质性的影响而不通知其参会,这种情况便是侵犯了其“公平参与多数意思形成以及获得相关信息的权利”,

---

　　① 该解释第四条规定,如果股东请求撤销公司股东会、股东大会或者董事会的决议,符合《公司法》第二十二条第二款规定的,人民法院应当支持。但是如果会议的召集程序或者表决方式仅有轻微瑕疵,且对决议不产生实质影响的,人民法院不予支持。2023 年修订的新《公司法》吸收了该解释的这条规定,新增股东会、董事会决议程序仅存在轻微瑕疵而未产生实质影响的可撤销事由之例外。

　　② 赵心泽:《股东会决议效力的判断标准与判断原则》,《政法论坛》2016 年第 34 卷第 1 期。

法院不能对其的诉讼请求裁量驳回。对此，还应当综合考量行为人（召集人）是否存在主观故意的心理状态，若程序违法有故意为之的嫌疑，决议就可以被撤销。

事实上，在《公司法司法解释四》颁行之前，司法实践中就确实存在此类判例。比如 2006 年 2 月北京市海淀区法院公开审理了"公司冒用股东签名"的股东会决议效力纠纷一案。原告樊女士持有北京中咨华科有限公司 1‰ 的股权，公司在未通知其参会的情况下，又冒用其名义在增资决议上签名，导致樊女士在公司的股权比例下降。原告便以公司行为在程序上违反了《公司法》的强行性规定以及公司章程为由，诉请法院确认股东会的决议无效。法院虽然判决中咨华科公司确实侵犯了樊女士的股权，但又以原告仅持有公司 1‰ 的股份，其是否到会及参与表决，均不会产生改变增加注册资本决议内容的结果，且公司难以回复到初始状况为由，认为公司冒用其名义签名的股东会决议的内容不违背法律禁止性规定，应属有效。结果是法院驳回了其诉讼请求。①

本案法院实际上采用了决议瑕疵诉讼救济中的裁量驳回制度。但是，该法院的判决没有对成本、效率、程序、公平等要素进行综合考量，而是过多地考虑成本和效率因素，忽视了程序和公平的价值。本案法院既然认定公司行为侵害了原告的股东权，而又驳回原告的诉讼请求，故存在明显的失当。事实上，本案存在互为冲突的公司权利，即原告在先合法的股东权与公司维护基于新决议而生的权利之间的冲突。如何化解这种权利冲突，即如何有效配置这种互为冲突的公司权利，就成为法院可否作出正确判决的关键所在。正确的做法是：法院要么通过行使法官释明权，告知原告变更诉讼请求②；要么根据原告受到的损害以及公司重新开会拟支出的费用，判决公司予以补偿。而不是驳回原告的诉讼请求，从而使侵权公司不承担任何责任，否则，势必会导致更多侵权行为的发生，无异于纵容拥有公司支配权的控制股东对中小股东合法权益的肆意侵害。正如吴建斌教授所言，"冲突权利优化配置应当是市场竞争的结果，政府或者

---

① 范静：《公司冒用股东签名海淀法院判其侵权》，《法制日报》2006 年 3 月 7 日。
② 依现行《公司法》规定，原告应提起决议可撤销之诉，而不是决议无效之诉。

法院判决强制配置或者重新配置时,不仅要慎之又慎,而且必须补偿合法权利由此遭受的损害"①。

7.决议瑕疵之诉的其他程序问题

(1)原告的诉讼担保。多数国家(地区)公司立法均对决议瑕疵之诉原告的起诉门槛设计较低,尤其是股东原告资格的规定更为宽泛,既无持股比例的限制,也无持股时间的限制,这就容易导致股东滥用诉权、恶意诉讼的现象产生。一般而言,责令股东提供担保,以股东恶意诉讼为限,否则不仅有悖于该制度设立的初衷,还可能造成对少数股东提起瑕疵之诉的不当抑制。正如日、韩公司立法所规定的那样,如原告股东具有公司董事、监事身份,免除提供担保的义务;公司提出诉讼担保请求应以原告为恶意诉讼为理由。我国现行《公司法》第二十二条第三款也规定了诉讼担保制度,即股东提起决议瑕疵诉讼的,人民法院可以应公司的请求,要求股东提供相应担保。基于诉讼担保制度利弊兼具的特点,在适用该项制度时,法院在判定是否要求原告股东提供担保时,应设置一定的限制条件,即要求被告公司证明股东为恶意诉讼。所谓"恶意"是指明知有害公司,而无追求股东正当利益之目的。

(2)决议瑕疵之诉的管辖。至于决议瑕疵之诉的诉讼管辖问题,由被告公司所在地法院管辖为宜。其理由在于:此类诉讼均以决议是否成立、是否有效为诉讼标的,而决议成立或生效要件即召集程序、决议程序以及决议内容等方面的争议均由公司行为所生,且证明决议是否符合成立或生效要件的证据均由公司保管。因此,将此类诉讼交由公司所在地法院管辖,可为法院取证、公司应诉和举证提供便利,体现了民事诉讼管辖的便利原则。

---

①　吴建斌:《关于我国公司冲突权利配置效率观的反思与重构》,《南京大学学报(人文社科版)》2011 年第 2 期。

第六章
我国股东大会决议效力制度的探讨

一、我国股东大会决议效力制度的缺陷

股东大会决议效力问题既关涉股东大会会议召开与召集方面的问题，又关涉决议程序和决议内容方面的问题。我国现行《公司法》对有关股东大会决议效力方面的问题作出了相应的规定，主要体现在：一是赋予少数派股东对股东大会的召集权和主持权，旨在保证在董事会、监事会不能或怠于履行职责时股东的自力救济；二是实行以资本多数决为原则，以表决权限制为例外的表决机制，旨在寻求维护公司民主和保护少数派股东权益之间的平衡；三是赋予股东对决议无效与决议可撤销以起诉权，旨在凭借公力救济以保障股东权益；四是规定了决议瑕疵之诉的诉讼担保制度，旨在防止股东滥用诉权，以维护交易安全。公司法的上述规定基本上确立了我国股东大会决议效力制度的框架，立法成就值得肯定。但从比较法的角度以及我国公司实践的需求看，仍显得过于简单，在具体规定上尚存在欠妥甚至缺漏之处。

（一）决议形成中的程序正义体现不足[①]

作为团体性的法律行为，股东大会决议的形成需要遵循法定和章定的程序，否则会导致决议效力的瑕疵。可以说，股东大会决议效力问题更多意义上就是指决议程序问题，并且决议内容的公正性与合法性也要以股东大会的程序性规范来保障。由此可见，程序是股东大会决议效力问

---

① 王仁富：《股东大会决议形成中程序性权利的制度完善》，《华东理工大学学报（社科版）》2013 年第 2 期。

题的关键和核心。正是由于作为公司组织体成员的股东对股东大会决议过程的参与,才使得决议产生了合法性,故无论股东是否同意,决议均对其具有法律拘束力。不仅如此,决议的正当性必须建立在对参与决议程序的股东的程序性权利的充分保障上,这些权利不仅仅表现为表决权的行使,尤为关键的是要保障提案权、质询权等权利的行使,以及在决议审议过程中对议题持有异议的充分表达。有鉴于此,股东大会决议形成中的程序正义主要取决于决议形成中股东程序性权利的充分行使和保障。

1. 决议形成中股东程序性权利的基本内涵

程序性权利是与实体性权利相对应的。一般认为,实体性权利是指依法享有的具有直接的实际意义的权利,它可以直接表现为一定的物质利益或精神利益;而程序性权利是指作为程序主体在实现实体权利或为保障实体权利不受侵犯时所享有的权利。[①] 传统意义上的程序性权利多是基于权利救济的视角来理解的,即认为程序性权利是在实体性权利受到侵害后获得救济的权利,特别是指公民依法享有的、规定在各类诉讼法中、请求法院对其主张予以公正裁判的权利,其主要内容包括起诉权、获得裁判权、获得公正裁判权等。[②] 然而,随着程序理论与权利观念的发展,人们对程序性权利的理解从传统的权利救济视角发展到法律程序视角。其中,源于西方的程序正义理论为深入理解程序性权利提供了理论支撑。依据程序正义理论,程序性权利不仅仅蕴含着服务于一定实体结果的工具价值,还蕴含着具有独立性的内在价值,如参与、尊严、公正等[③],从而使人们对程序性权利的理解回归到本位。正是这种由程序救济主义到程序本位主义的转换确立了程序性权利的独立地位。

就股东大会决议形成中股东的程序性权利而言,该权利主要是以表决权、召集权、提案权、质询权等权利的形式而存在,但又不直接涉及股东

① 徐亚文:《程序正义论》,山东人民出版社,2004,第 310 页。

② 薛刚凌:《行政诉权》,华文出版社,1999,第 9 页。

③ Robert S. Summers, "Evaluating and Improving Legal Processes—A Plea for 'process Values'", Cornell Law Review 60,1(1974).

实体的利益和需要，是股东实体性权利得以实现的某种手段、方法或途径。这些权利是股东在股东大会决议形成过程中进行会议召集与主持、提出议案、提出建议与质询、投票表决以及制作会议记录等活动的法律依据。在决议形成中赋予股东程序性权利旨在保证股东在参会与决议过程中受到公正的对待。可见，对于决议形成中股东的程序性权利，更多是从法律程序的意义上来理解的。这种程序性权利是股东权利在决议形成中的动态实现过程，换言之，是一种动态的股东权利。如果股权仅仅代表股东的一种参会资格或仅仅代表对决议所涉的某种实体利益或需求的一种期待，却不能通过召集主持、出席会议、建议质询、参与表决等过程及行为实现其利益或需求期待，则股东权利就失去其存在的价值和意义。从这个意义上说，决议形成中股东的程序性权利是股东权利自身的动态表现形式。

2. 决议形成中股东程序性权利的制度现状

现行《公司法》将股东表决权作为股权的核心，并对其行使给予充分的保障，主要是因为股东大会决议是基于资本多数决的表决机制所形成的。针对资本多数决原则存在被滥用以控制公司的可能性，现行《公司法》又设置了表决权排除规则，这样的制度设计无可厚非。但即便如此，也并非能完全保证决议的正当性，因为"只有在可以进行实质性答辩及讨论等合法议事运营程序下所产生的多数决结果，才具有作为会议体统一意思的价值"[①]。可见，股东大会决议的正当性的实现，不仅有赖于股东表决权的行使，更要注重对决议结果有重要影响的股东的其他程序性权利（如股东大会召集权、主持权、提案权、质询权等）的保障。然而，现行《公司法》对这些程序性权利的规定并不充分。

就表决权而言，尽管现行《公司法》对股东表决权的行使给予较充分的保障，但仍有尚需改进之处，主要体现在：一是现行《公司法》仅明确了股东大会决议须经出席股东大会股东所持表决权半数或三分之二以上同

---

① 张凝：《日本股东大会制度的立法、理论与实践》，法律出版社，2009，第202页。

意方可通过①,但并未明确出席股东大会的最低表决权比例,这可能会出现某项决议通过或否决的表决权在公司全部表决权中占比很小的现象。这种表决方式在实践中导致了大股东可以实现对决议的完全控制,中小股东的诉求无法得到保障。二是现行《公司法》虽确认了股东表决权的代理行使机制,但对表决权代理的条件、程序及行使限制缺少具体规定。②三是现行《公司法》对表决权征集未作禁止性的规定,而允许股东委托代理人出席股东大会并行使表决权,因而在逻辑上表决权征集属于合法行为。但法律并未对表决权征集作出具体的程序性规定,未明确有权征集的主体有哪些以及征集需要经过哪些审批备案程序等,这正是目前上市公司并未广泛推行该项制度的主要原因。尽管有关规章对表决权征集有所涉及,但对征集的审批备案程序仍未明确,且文件效力等级较低③,从而导致其在内容和效力等级上均无法有效回应公司实践中相关案件处理。四是现行《公司法》对表决权的不统一行使也未作规定,尽管个别规章有所涉及④,但对表决权不统一行使的限制条件、程序流程、表决效果等未予明确。五是随着网络通信技术的发展和普及,电子投票方式得到广泛运用。尽管在我国上市公司股东大会会议实践中得以运用,但现行《公司法》对此并未涉及,反映了公司立法的滞后性。六是现行《公司法》对于多数股东表决权排除的适用范围仅限于关联担保的情形,尽管有关规章对上市公司的表决权排除的适用范围进行了拓展,但列举仍不充分,

---

① 现行《公司法》第一百零三条第二款规定:股东大会作出决议,必须经出席会议的股东所持表决权过半数通过。但是,股东大会作出修改公司章程、增加或者减少注册资本的决议,以及公司合并、分立、解散或者变更公司形式的决议,必须经出席会议的股东所持表决权的三分之二以上通过。

② 现行《公司法》第一百零六条规定:股东可以委托代理人出席股东大会会议,代理人应当向公司提交股东授权委托书,并在授权范围内行使表决权。

③ 《股票发行与交易管理暂行条例》第六十五条规定:股票持有人可以授权他人代理行使其同意权或者投票权。但是,任何人在征集二十五人以上的同意权或者投票权时,应当遵守证监会有关信息披露和作出报告的规定。《上市公司治理准则》第十五条规定:股东可以本人投票或者依法委托他人投票,两者具有同等法律效力。《上市公司股东大会规则》第三十一条规定:公司董事会、独立董事、持有百分之一以上有表决权股份的股东或者依照法律、行政法规或者中国证监会的规定设立的投资者保护机构可以公开征集股东投票权。征集股东投票权应当向被征集人充分披露具体投票意向等信息。禁止以有偿或者变相有偿的方式征集股东投票权。除法定条件外,公司不得对征集投票权提出最低持股比例限制。

④ 《到境外上市公司章程必备条款》第六十八条规定:在股票表决时,有两票或者两票以上的表决权的股东(包括股东代理人),不必把所有表决权全部投赞成票或者反对票。

并且对被排除表决权的主体范围未作明确。①

就召集权而言，现行《公司法》第一百零一条规定，股东大会会议由董事会召集，董事会不能履行或者不履行召集股东大会会议职责的，监事会应当及时召集；监事会不召集的，连续九十日以上，单独或者合计持有公司百分之十以上股份的股东可以自行召集，并在现行《公司法》第一百条中规定了董事会召集临时股东大会的期间（股东年会的召集期间由章程规定）。这样的制度设计为避免董事会怠于召集股东大会起着重要作用。然而，现行法对于监事会召集权的行使期间缺少具体明确的规定，这会导致监事会以正在履行职责为由怠于召集股东大会，致使少数股东召集权流于形式。尽管个别部门规定对此有所规定，但仅局限于上市公司，且文件的效力等级较低。② 对于召集的通知时间，现行《公司法》第一百零二条对股东年会与临时会议分别要求在会议召开二十日、十五日前通知各股东；发行无记名股票的，应当于会议召开三十日前公告会议召开的时间、地点和审议事项。③ 但对通知的有效期间是采用"到达主义"还是"发出主义"，立法未予明确，这样会导致召集人故意采用较慢的通信方式通知股东，以达到缩减股东参会的准备时间之目的。此外，现行《公司法》对股东大会的召集地点也未作规定。

就主持权而言，现行《公司法》仅规定了会议"由谁主持"，并未规定主持人所享有的具体权限。而有些国家公司立法赋予了股东大会主持人一

---

① 现行《公司法》第十六条规定：公司为公司股东或者实际控制人提供担保的，必须经股东会或者股东大会决议，该股东或者受该实际控制人支配的股东，不得参加该事项的表决，该项表决由出席会议的其他股东所持表决权的过半数通过。《上市公司股东大会规则》第三十一条规定：股东与股东大会拟审议事项有关联关系时，应当回避表决，其所持有表决权的股份不计入出席股东大会有表决权的股份总数。股东大会审议影响中小投资者利益的重大事项时，对中小投资者的表决应当单独计票。单独计票结果应当及时公开披露。公司持有自己的股份没有表决权，且该部分股份不计入出席股东大会有表决权的股份总数。股东买入公司有表决权的股份违反《证券法》第六十三条第一款、第二款规定的，该超过规定比例部分的股份在买入后的三十六个月内不得行使表决权，且不计入出席股东大会有表决权的股份总数。

② 《上市公司股东大会规则》第九条第二款规定：监事会未在规定期限（在收到请求五日内）内发出股东大会通知的，视为监事会不召集和主持股东大会，连续九十日以上单独或者合计持有公司百分之十以上股份的普通股东（含表决权恢复的优先股股东）可以自行召集和主持。

③ 2024年7月1日施行的新《公司法》取消了无记名股票的相关规定。主要原因在于：作为公司资本制度下的内容，无记名股票发行手续简单，便于流通，但其自身所采取的无记名方式导致流通的保存风险较高，这符合国家关于反洗钱、反恐怖融资的工作标准日渐提升的要求。

系列重要权力,包括秩序维持权、议事疏导权、退场命令权、股东资格审查权以及必要时的限时发言权等。① 此外,保证少数小股东的发言机会也是其应尽的职责。况且在我国公司股东大会运营实践中,由于利益至上、规则意识不强,股东冲击股东大会,甚至以抢话筒、闭会场等形式力图使股东大会通过或否决特定决议的事件时有发生②,从而影响了决议的有效形成。

就提案权而言,股东大会的提案一般由董事会负责,若多数派股东控制了董事会,就意味着可以借此控制大会议程。鉴于此,为了在一定程度上体现少数派股东的意志和利益诉求,有必要赋予少数派股东临时提案权,使其有机会就公司发展和关涉自身利益的问题提出议案。我国现行《公司法》第一百零二条第二款规定,单独或者合计持有公司百分之三以上股份的股东③,可以在股东大会召开十日前提出临时提案并书面提交董事会;董事会应当在收到提案后二日内通知其他股东,并将该临时提案提交股东大会审议。然而,该款对于董事会拒绝将临时提案列入会议议案时,提案人如何获得救济,以及对未列入议案的提案是否需要召集权人予以说明的问题,均缺乏具体明确的规定。并且,该款有关股东的临时提案均提交董事会的规定也欠妥。因为若监事会召集股东大会,仍要求股东的临时提案提交给董事会,再由董事会承担通知其他股东并将该提案提交大会审议的义务,不仅立法逻辑不通,也缺乏可操作性。此外,对于提案程序及要求,现行立法仅对少数派股东的提案程序和要求作了规定,但对于董事会与监事会的提案程序及提案要求未予涉及,更未关涉提案内容审查方面的内容。

就质询权而言,股东在股东大会上行使质询权,旨在表决前获取有关决议事项的充分、真实、有效的信息,避免盲目表决,保证股东表决权行使的意思真实。此外,还可在一定程度上缓解少数股东与多数股东之间的

---

① 参见《日本公司法典》第三百一十五条的规定及《韩国商法典》第三百七十三条第二款之规定。

② 梅慎实:《现代公司治理结构规范运作论》,中国法制出版社,2002,第351-353页。

③ 2024年7月1日施行的新《公司法》降低了提出临时提案股东的持股比例要求,以进一步保护中小股东利益。即规定:单独或者合计持有公司百分之一以上股份的股东,可以在股东会会议召开十日前提出临时提案并书面提交董事会。

信息不对称状况。现行《公司法》第一百五十条第一款规定，股东大会要求董事、监事、高级管理人员列席会议的，董事、监事、高级管理人员应当列席并接受股东的质询。该款关涉股东在股东大会行使质询权的情形。^① 但现行《公司法》对于无表决权股东是否具有质询权无明确规定。当然，此问题也暗含着无表决权股东是否具有股东大会出席权的问题。如前文所述，无表决权股东（公司持有自己股份的情况除外）有权出席股东大会，因为无表决权股东受限制的是对大会议案的表决权，但出席权是基于股东身份而生；此外，无表决权股东与大会的有关议案可能存在利害关系，通过出席股东大会方能更好地行使知情权、对公司经营行为的监督权以及对瑕疵决议的诉权。另外，该法第一百五十条第二款规定，董事、高级管理人员应当如实向监事会或者不设监事会的有限责任公司的监事提供有关情况和资料，不得妨碍监事会或者监事行使职权。可以看出，我国现行《公司法》所认可的股东在股东大会上行使的质询权，与董事、监事及高管的说明义务的关系不太清晰。由此产生的问题是：与股东大会会议目的事项无涉的质询内容是否属于董事、监事及高管的说明义务的范围？现行立法未予明确。

（二）决议效力瑕疵救济制度不够完善

关于股东大会决议瑕疵及其救济方面的规定，集中体现在现行《公司法》第二十二条和《公司法司法解释四》之中。现行《公司法》第二十二条规定，公司股东大会决议内容违反法律、行政法规的无效。股东大会的会议召集程序、表决方式违反法律、行政法规或者公司章程，或者决议内容违反公司章程的，股东可以自决议作出之日起六十日内，请求人民法院撤销。^② 股东提起此类诉讼的，法院可以应公司的请求，要求股东提供相应担保。公司根据股东大会决议已办理变更登记的，法院宣告该决议无效或者撤销该决议后，公司应当向公司登记机关申请撤销变更登记。可见，

---

① 现行《公司法》第九十七条是有关股份公司股东日常质询权的规定。
② 2024年7月1日施行的《公司法》新增了未被通知参加股东会的股东撤销权期限的起算时点及撤销权的最长行使期限。即规定：未获通知参加股东会会议的股东自知道或者应当知道股东会决议作出之日起六十日内，可以请求人民法院撤销；自决议作出之日起一年内没有行使撤销权的，撤销权消灭。

该条在一定程度上明确了决议瑕疵的认定、效力、权利人、起诉期间以及诉的性质和类型等,尤其是对决议可撤销之诉的规定更为具体明确。可以说,现行《公司法》中有关股东大会决议瑕疵的救济,基本上是一种制度性安排。《公司法司法解释四》对决议不成立的引入,并将其规则化,是我国公司决议制度的一大进步,不仅回应了关于公司决议瑕疵类型"二分法"与"三分法"的学理争论,还在一定程度上明确了从程序瑕疵上辨别决议不成立与决议可撤销的司法困境。但具体到不同瑕疵类型的适用事由上,仍然是充满争议和难点的领域。比如说,决议不成立和决议可撤销都可因程序瑕疵引起,究竟应如何确定决议不存在的适用情形,更多来源于司法经验的总结,而非概念逻辑的推理。[①] 以下就从我国公司实践的需求来审视现行规定存在的不足与缺陷。

1. 决议瑕疵事由的认定标准不完备

现行《公司法》关于决议瑕疵的事由规定过于宽泛,一方面,对决议无效事由规定为决议内容违法,但对于内容违法的理解,缺乏说明和解释,导致司法实践中"同案不同判"现象的出现,影响了司法的权威性和统一性。另一方面,虽然《公司法司法解释四》引入了决议不成立的瑕疵类型,但对于决议不成立的判断标准以及该标准在司法实践中的运用,决议不成立与决议可撤销、决议无效三者判断标准的差异,三者适用情形的联系与区别等问题,仍然亟待解决。尤其是关于可撤销决议和不成立决议在程序瑕疵上的区别问题。诚如前文所言,决议不成立由于决议欠缺成立要件,基本属于程序上的问题。决议可撤销制度也主要解决决议的程序瑕疵该如何处理的问题。因此决议可撤销的原因和不成立的原因所涉及的程序瑕疵如何区别,成为司法实践中的难点问题。此外,《公司法司法解释四》并没有限制请求确认决议不成立的期限,这种规定更类似于决议无效,从而在司法实践中就会出现决议不成立与决议无效的判决混淆现象。因为决议不成立与决议无效的判决具有时间上的划分界线。尽管有学者认为,"法律行为的不成立与无效,就其效果而言并无分别"[②],但事

---

①　甘培忠、赵文冰:《对公司决议效力的一些思考》,《法律适用》2016 年第 8 期。

②　王泽鉴:《民法总则》,北京大学出版社,2009,第 203 页。

实上，公司决议的不成立与无效绝不是同一个概念，法律效果上的相似性并不代表着构成要件和行为上的指引意义具有同一性，公司决议行为的效力制度有独特的成立要件和制度价值。公司决议行为讲究程序正义，程序的正当性是决议行为的成立要件。[①] 因此，在界定股东大会决议无效的情形时，应当注意与决议不成立相区分。

2. 缺乏决议瑕疵的私力救济措施

依据民法上的法律行为理论，在重视当事人意思自治与强调法律对当事人行为的合理适度干涉的同时，也允许当事人以积极行为来消除法律行为的瑕疵。股东大会决议作为一种法律行为，同样可以通过当事人的积极行为来消除决议瑕疵。决议瑕疵的私力救济就是当事人通过自己的积极行为消除决议的瑕疵的一种救济手段。这种救济主要包括允许通过自己实施的治愈、撤回与追认等行为对公司瑕疵决议进行救济，使公司决议的效力得以复原。通过私力救济措施治愈决议瑕疵，不仅可以节约诉讼成本，也可以最大限度地尊重当事人意思自治，减少对商事交易的影响。现行《公司法》尚没有关于私力救济方面的规定，只是在该法第二十二条和《公司法司法解释四》中规定了公司决议的无效和撤销制度，并要求以诉讼的方式进行。

3. 缺乏决议瑕疵的非讼救济路径

许多国家的公司法均明确允许通过诉讼或者非诉讼的方式对违反法律法规和公司章程的决议引起的后果进行补救和纠正。在现代社会，商事纠纷的非诉讼救济倾向已越来越显著。由于诉讼存在较高的成本、复杂的"对审构造"和程序要求的特点，而商事纠纷处理方式注重迅速和简便，在各类程序利益与风险控制的比较下，当事人更多地会选择非讼化的方式解决。[②] 所谓非讼救济是指通过公权力的提前介入来解决纷争的一种措施。相对于诉讼救济，非讼救济更强调迅速经济的裁判、合目的性妥当性裁判。而非讼救济重点强调的部分程序功能和价值取向，是适用诉讼救济难以达到的。就公司非讼救济范围而言，从各国的情况看，公司非

---

① 张雪娥：《公司股东大会决议效力研究》，法律出版社，2018，第 278 页。
② 李求轶：《公司诉讼类型化探析》，法律出版社，2010，第 75-76 页。

讼救济的适用与其自身的公司立法的完善程度以及经济发展程度密切相关。在我国公司实践中,可以使用非讼救济的公司纷争事件时有发生。其中,股东大会瑕疵决议纷争中的召集权纠纷就具有非讼救济的必要性与可行性。但因为现行《公司法》对股东提议召开股东大会的要求未作限制,这无疑给股东召集权的滥用提供了可能。利用非讼救济解决召集权纠纷,不仅可以避免因采用诉讼救济方式而使公司错失良机的风险,还可以保证召集程序合法,不会由此引发股东大会决议因程序瑕疵被撤销,预防了潜在纠纷的发生。遗憾的是,现行《公司法》尚无关于股东大会决议瑕疵非讼救济的规定。

4.决议瑕疵的诉讼救济机制有待完善

(1)诉讼当事人的规定尚需改进。现行《公司法》和《公司法司法解释四》将公司列为被告应无疑义,但就决议瑕疵之诉的原告范围,仍然存在争论。由于瑕疵的股东大会决议不仅损及股东利益,还有可能危及公司、董事或监事、职工乃至第三人的利益。这些主体均有可能与案件存有利害关系,具有确认瑕疵决议效力的利益,因此理应赋予其对决议瑕疵之诉的起诉权。尽管《公司法司法解释四》规定了"股东、董监事等"可以作为瑕疵之诉的原告,但如何理解此处的"等"字,有待进一步明确。

(2)起诉期间及其起算点的规定不够合理。现行《公司法》第二十二条第二款规定,股东大会的会议召集程序、表决方式违反法律、行政法规或章程,或者决议内容违反章程的,股东可以自决议作出之日起六十日内,请求法院撤销。可见,现行法仅规定决议撤销之诉的起诉期间,并将起诉期间的起算点确定为决议作出之日[1],而未涉及其他类型的瑕疵之诉的起诉期间,更谈不上起算点的确定问题。

(3)法院对诉讼请求的审查制度缺失。当事人在提起瑕疵决议诉讼时,法院是仅针对诉讼请求进行审查还是对公司决议效力作出全面审查?现行《公司法》对此并未明确。对于这个问题,法院对于决议的瑕疵事由如何进行审查,直接关涉到影响决议效力事由的及时发现以及决议效力

---

[1]　2024年7月1日施行的新《公司法》仅将未被通知参加股东会的股东撤销权期限的起算时点确定为股东自知道或者应当知道股东会决议作出之日。

的准确定位,还会关涉到法院在裁判过程中能否体现出减少当事人诉累、保护当事人权益的价值取向。

(4)瑕疵决议诉讼的审理制度有待明确。《公司法司法解释四》虽然在一定程度上兼顾了行为规范和裁判规范的双重功能,但对于股东大会决议审理层面的规定仍有很大改善空间。从理论层面看,增加有关合并审理的规定符合民事诉讼的法理。基于诉讼合并的法理,提起数个股东大会决议无效、撤销或不成立之诉以及分别提起此三种诉讼时,就同一瑕疵决议的效力不能冲突,可以进行合并审理。从司法层面看,增加合并审理的内容有助于为法院对股东大会决议之诉的审理提供明确的指引。因为公司决议涉及不同利害关系人,其利益主张可能各不相同,有可能出现针对同一公司股东大会决议分别提起股东大会决议无效、撤销和不成立之诉的情形,为防止同一决议效力出现不同裁判结果,法院应当合并审理。[①] 因而有必要通过修改法律或制定司法解释对此进行明文规定以统一司法实践。从比较法层面看,《日本公司法典》《德国股份公司法》以及《韩国商法》对于合并审理均有规定,说明对于股东大会决议之诉合并审理在主要大陆法系国家具有一定的共识,为我国相关公司立法明确合并审理提供了可资借鉴的域外立法经验。

(5)诉讼判决的效力尚需完善。现行《公司法》仅规定,在股东大会决议撤销后,公司应将根据原决议已办理变更登记的事项再向公司登记机关申请撤销变更登记,以回复到决议作出前的状态。该规定貌似承认了撤销决议的判决具有溯及力。事实上,决议瑕疵之诉判决并非都有溯及力,决议撤销之诉的判决也是如此。可见,现行立法对于如何认定决议瑕疵之诉判决效力方面的规定还远远不够。关于判决是否具有对世效力和溯及效力的内容,尚待进一步明文规定。

(6)有关决议效力瑕疵之诉的特别程序尚需完善。就诉讼担保而言,现行《公司法》第二十二条第三款规定,股东提起决议撤销之诉和无效之诉时,法院可以应公司的请求,要求股东提供相应担保。该规定是否意味着只要公司提出请求,法院均应要求原告股东提供相应担保?以及在多

---

① 杜万华主编《最高人民法院公司法司法解释(四)理解与适用》,人民法院出版社,2017,第92-93页。

大范围内提供担保？立法未作进一步明确。其实,公司法设置担保制度的目的在于防止股东滥用诉权,但此项制度也存在较大负面性,即被告公司往往会以此为手段阻止原告股东起诉。因此,需要对担保制度的适用进行适度限制。然而,《公司法》没有规定公司必须要求股东提供担保的特定条件,因而该项制度难免被公司滥用,从而产生阻止股东提诉的现象。这与我国公司治理现状以及决议瑕疵之诉过少的司法实践状况不相适应。尽管 2024 年 7 月 1 日施行的新《公司法》取消了股东会、董事会决议瑕疵诉讼担保的规定,但存在矫枉过正之嫌。此外,有关此类诉讼的保全制度、诉讼公告制度以及管辖法院,现行法均未作规定。

二、我国股东大会决议效力制度的完善

(一)完善股东参与决议的程序性权利规则[①]

股东大会决议的团体性特征,决定了股东大会决议的正当性有赖于参与决议程序的股东程序性权利的充分行使和保障。因此,在决议形成过程中,应树立以程序正义为核心的公司法理念。鉴于现行《公司法》有关程序性权利行使的制度缺陷,可采用如下措施加以完善。

1. 完善表决权行使方面的规定

完善表决权行使方面的主要措施有:一是公司立法或公司章程应该明确股东大会的最低表决权出席比例。随着互联网技术等新兴技术的普及和应用,此前由于时空所限所导致的公司难以作出有效决议的情形已基本不复存在,网络技术带来的表决机制创新以及表决权征集机制则为实施最低表决权出席比例创造了条件。为此,公司法可在股东大会表决规则中增加半数的最低表决权出席比例,只有达到相应出席比例的股东大会决议方为有效,这样不仅有利于进一步增强股东民主,切实保护中小股东权益,还有利于消除大股东与中小股东之间的矛盾,提升公司治理效能。二是完善股东表决权的代理行使机制。就代理人资格而言,规定股

---

① 王仁富:《股东大会决议形成中程序性权利的制度完善》,《华东理工大学学报(社科版)》2013 年第 2 期。

东可将表决权委托其信任的人依其授权行使表决权为宜，并且自然人股东和法人股东可以相互受托，但与会议审议事项有利害关系的股东和公司本身不得成为代理人。就对决议效力的影响而言，若出现表决权的无权代理情形，如代理人违背被代理股东的指示或限制而行使表决权，所作出决议的效力取决于将无权代理的表决权数减除后，是否仍符合多数决要求。若符合，则决议有效；否则，决议无效。就表决权代理行使的限制而言，可规定对代理人受委托的表决权总量进行限制，也可规定对委托的效力期限实施限制。三是建立表决权代理征集制度。表决权征集对解决少数派股东怠于行使最终控制权具有积极意义，但表决权征集又具有被利用进行恶意炒作，损害公司利益的可能性，故应对其适用进行必要的限制，尤其应对征集人的持股时间进行严格的限制和披露。同时，公司立法应明确有权征集的主体资格以及征集的审批备案程序等。尽管《上市公司治理准则》《上市公司股东大会规则》等一些部门规章对股东表决权征集人资格、表决权征集的限制以及有偿征集的禁止等方面有所涉及，但这些规定主要局限于上市公司，且效力等级较低，难以提供普适性的规制依据和规制力度，因此需要通过公司立法进一步完善。四是立法应允许表决权的不统一行使。尤其应细化列明表决权不统一行使的限制条件、程序流程与表决效果等，以回应我国早已出现表决权不统一行使的商事案例。五是立法应认可电子投票方式。① 随着数字技术的发展和普及，通过网络等电子通信媒介召开线上会议，并进行电子表决成为可能。若公司立法对于股东会电子表决的效力予以认可，使电子表决机制在股份公司全面推广，时空壁垒便可被打破，股东大会会议的召开将更加便捷，更有利于股东之间的权力制衡。同时，电子投票有助于节约公司开会成本和股东参会成本；也有助于提高股东的参与率和参与质量，防止股东大会形式化；还有助于克服委托代理制度的不足，更好地保护股东特别是中小股东利益。六是立法应扩展多数股东表决权排除的适用对象，采用列举和概括相结合的方式，将适用表决权排除的事项进行规定。除了现行规

---

① 令人欣慰的是，2023 年 12 月修订的《公司法》新增了公司股东会、董事会、监事会召开会议和表决可以采用电子通信方式，公司章程另有规定的除外。

定中已明确的表决权排除事项等之外,还应将股东(大)会决议议案涉及免除股东义务或责任、公司对股东诉讼的提起或取消、董事和监事报酬的决定、减轻债务等事项纳入股东表决权排除的适用范围。同时,立法还应明确被排除表决权的主体范围,既包括记名股东,也包括不记名股东;既包括股东,也包括股东的代理人。如果股东对决议事项无特别利害关系,而股东的代理人具有特别利害关系,该代理人在股东(大)会上的表决权也应当排除。[①]

2.完善召集权行使方面的规定

完善表决权行使方面的股东大会的召集权,即特定主体依法定程序召集股东大会的权利(力)。上市公司股东大会的召集是一个内容复杂、程序严格的工作,主要包括:向参会股东和参会人员发布大会通知;告知所有参会股东相关议案内容;确定大会时间、地点、参加会议方法;准备相关会议材料;股东身份确认、股东登记;组织会务活动等。针对现行公司立法中存在的相关缺陷,主要完善措施有:一是为避免监事会怠于履行职责致使少数股东召集权形同虚设的后果产生,有必要对监事会召集权的行使设定一个期间限制,为此应该将《上市公司股东大会规则》中的有关规定上升到法律层面[②],以扩大该规定的普适性和权威性;二是为避免召集人恶意利用规则侵占股东参会的准备时间,对会议通知的有效期间采用"到达主义",但对于无记名股东的公告期间应采用"发出主义";三是为避免召集人在特定情形时故意选择多数股东不便参会的开会地点,应通过立法或章程对股东大会的召集地点作出必要限制,以保证尽可能多的股东参会。

3.完善主持权行使方面的规定

股东大会的主持权是指主持股东大会的权利(力),这是一项程序性的权利(力)。股东大会主持人一般只负责确认到会股东(不含股东资格确认)、限制发言时间和次数、维持会议的秩序、整理议题,主持人并不享有实体性权利,不能决定股东的表决意向,对表决也产生不了实质性的影

[①]　肖海军、危兆宾:《公司表决权例外排除制度研究》,《法学评论》2006 年第 3 期。

[②]　参见《上市公司股东大会规则》第九条第二款的规定,即监事会未在规定期限(在收到请求五日内)内发出股东大会通知的,视为监事会不召集和主持股东大会,连续九十日以上单独或者合计持有公司百分之十以上股份的普通股股东(含表决权恢复的优先股股东)可以自行召集和主持。

响。从程序的角度考虑，主持权应是召集权的延续。① 针对现行立法对主持权行使方面的规则缺失以及公司实践中的现实问题，有必要借鉴域外立法经验，以立法形式赋予会议主持人实质性权限，包括秩序维持权、议事疏导权、退场命令权、股东资格审查权以及必要时的限时发言权等，以保证股东大会按照公平、民主的程序进行，确保决议结果的正当性和公正性。

4. 完善提案权行使方面的规定

主要措施有：一是对于在董事会拒绝将临时提案列入会议议案时提案人如何获得救济的问题，应视情况而定。若董事会违法拒绝合法提案列入会议议案，立法上可以董事会违反法定义务为由，明确规定董事会的民事赔偿责任和赔偿计算方法及赔偿范围，以阻止其违法行为。这就为提案人寻求司法救济提供了依据。此外，提案人还可以寻求行政救济，即提案人不服召集权人的决定，也可向工商部门（上市公司的提案人可向证券受理机关）提出行政申请。此外，对于被违法拒绝的合法提案，立法还可规定，该提案可以在随后的股东会议上重新提出，只要该提案符合特定的标准。当然，若董事会合法拒绝不适当的临时提案，则属于合法之举，提案人无救济可言。对于未列入议案的提案，召集权人可通过公司网站或其他公告形式说明未列入的理由，若在提案数不太多的情况下，也可在股东会议上予以说明。二是规定股东临时提案应提交召集权人，而不是董事会。三是明确规定董事会、监事会提案程序和提案要求。就提案程序而言，依据召集人不同而应作不同规定，如董事会和监事会为召集人的，由自己决定将提案列入议案；如其他主体为召集人的，二者一旦提出议案，召集人即应将提案列入议案。就提案要求而言，可作出与股东提案要求相同的规定，即提案内容应当属于股东大会职权范围，有明确议题和具体决议事项，并且符合法律、行政法规和公司章程的有关规定。甚至可以规定，提案内容不仅包含内部事务，还应包含有必要由股东大会决议的外部事务。此外，为防止提案人尤其是股东提案人的提案内容违法或违章，或者是为了一己私利而浪费公司会议资源，增加会议成本，还有必要

---

① 陈丽苹：《股东大会的召集权与主持权探讨——以宏智公司股东大会决议效力案为例》，《法律适用》2005 年第 1 期。

设置提案内容的审查制度。

5.完善出席权与质询权行使方面的规定

完善表决权行使的主要措施有两方面：一方面，应赋予无表决权股东（公司持有自己股份的情况除外）出席股东大会的权利，并通过出席会议来行使对公司经营行为的质询权。另一方面，应明确股东在会议上行使质询权的内容与董事、监事及高管的说明义务的关系，对于与会议目的事项无涉的质询内容应视情况来判断是否排除在管理层的说明义务范围之外。若股东质询内容属于公司治理中可以公开的信息，管理层则应予回答；若股东质询内容有损于公司利益乃至公共利益，管理层则可以拒答，但应说明拒答理由。正如有学者所言："作为股东权的内在权利，股东当然可以询问公司业务及财产状态，董事、监事应对此承担说明义务。但是要求说明与议案无关的事项，如说明将损害公司或者股东共同利益的事项等，可以视为股东的权利滥用。若有这种特殊的事由时，董事可以拒绝说明，但应讲明其合理理由。"①事实上，一些国家公司立法对股东质询内容均作出了限制性规定，如《德国股份公司法》采用列举的立法模式，将董事会拒答的事由法定化；《日本商法典》第二百三十七条第三项规定："在股东大会上，董事及监事应就股东要求事项予以说明。但是，该事项与会议目的事项无关、说明将显著损害股东共同利益、说明需要进行调查或有其他正当事由时，不在此限。"这样既可避免股东滥用质询权，也可防止管理层寻找托词回避股东提问。唯其如此，也才能将违反说明义务所作出的决议作为程序瑕疵决议，构成决议撤销的事由，并可由此引发违反说明义务者的民事责任。

（二）完善决议效力瑕疵的救济制度

1.完善决议瑕疵事由的认定标准

针对现行规定对决议瑕疵事由的认定标准过于宽泛和模糊的问题，有必要采取"概括与列举相结合"的立法模式对决议瑕疵标准进行设置。详言之，对于抽象标准采用概括方式，即将"瑕疵性质和瑕疵程度相结合"

---

① ［韩］李哲松：《韩国公司法》，吴日焕译，中国政法大学出版社，2000，第382页。

作为判定瑕疵决议的原则性规定；对于具体标准采用列举的方式，即将瑕疵分为程序瑕疵和内容瑕疵两类，其中程序瑕疵可分为会议召开瑕疵、召集程序瑕疵（包括召集权瑕疵、召集通知程序瑕疵等）与表决方式瑕疵（包括表决权瑕疵、表决事项瑕疵、表决权统计瑕疵等）。内容瑕疵可分为内容违法与内容违章两种，然后，依据瑕疵程度的轻重，再将上述的程序瑕疵细化，分为严重的程序瑕疵、一般的程序瑕疵以及轻微的程序瑕疵。其中，严重的程序瑕疵是指瑕疵程度达到使决议不能成立的程度，由此所作出的瑕疵决议为不成立决议（比如未达到法定资本多数决所作出的决议）；轻微的程序瑕疵是指瑕疵程度对决议结果不会产生影响，由此所形成的决议为可撤销决议，属于裁量驳回的对象；介于二者之间的程序瑕疵为一般的程序瑕疵，即瑕疵程度虽对决议结果产生影响，但不会导致决议的不存在，由此所作出的决议多数为可撤销决议。就内容瑕疵事由的认定而言，又分为内容违法的认定及内容违章的认定。其中，内容违法的认定，关键是强制性规范的认定；而内容违章的认定，有时要结合内容是否违法进行综合判断。其中，内容违法的决议为无效决议，内容违章的决议为可撤销决议。

2.设立决议瑕疵的私力救济制度

民法理论认为在有瑕疵的法律行为未生效之际，行为人可以通过撤回的方式使之不发生效力，或通过追认的方式使之发生效力。因此，虽然现行《公司法》未规定决议程序瑕疵的补救，但作为行为一种法律的公司决议，可以适用有关撤回和追认的法理。[①] 股东大会决议因程序违反法律或章程的规定而引起的瑕疵应允许在一定条件下通过私力救济而被消除，该决议被视为有效。国外立法对决议瑕疵的救济大多作了规定，但这种救济措施只适用于程序瑕疵的决议而不适用于内容瑕疵的决议。决议瑕疵的私力救济措施主要包括：一是决议的召集通知程序瑕疵可因全体股东的合意而被治愈。也就是说，如果全体股东出席并同意召开会议，可以豁免相关决议召集程序的瑕疵。比如英、法、德等国家立法也承认在法定程序出现瑕疵的情况下，全体股东或者代理人出席会议可以弥补该会

---

① 李建伟：《公司决议效力瑕疵类型及其救济体系再构建——以股东大会决议可撤销为中心》，《商事法论集》2008 年第 2 期。

议所作决议的效力。^① 二是可撤销的瑕疵决议,在未基于原决议与股东、第三人发生、变更或者消灭法律关系前,可以通过与原决议相同的方式予以撤回。需要明确的是,作出股东大会决议的主体是股东大会,撤回该决议的主体也应限定为股东大会,如果由公司其他内部机构实施撤回无疑会导致股东大会作出的决议不能充分表达公司股东意愿,并遵循相同的表决程序。三是可被治愈的瑕疵决议,经一个合法有效的新决议追认后,其瑕疵即被消除,从而使其成为有效的决议。例如在实践中,公司在伪造部分股东的签名的情况下通过了股东大会决议,但是在权利受到侵害的股东提出异议之后立即重新通知并组织全体股东召开了股东大会。如果重新通过的决议与之前伪造签名的情况下作出的决议是一致的,就应当认为前述已经执行了的股东大会决议是有效的。但实践中也确实存在权益受损害股东的事后追认情形。如伪造签名或虚构的决议因不符合决议成立的条件而导致决议不成立,但是如果股东明知该事实但是长期不提出决议不成立的异议或者实际上履行了该决议,那么则不能再以该理由提出决议不成立之诉。但是需要特别强调的是,权益受损的股东可以事后承认或者事后同意都仅限于其有自由处分权的个人权利,对于法律法规的效力性强制性规范,无论个别股东如何追认也不可能得到救济。

3. 增设决议效力瑕疵的非讼救济措施

在股东大会瑕疵决议纷争中,召集权纠纷具有非讼救济的正当性。在对股东大会召集权的保护中适用非讼救济,主要是指司法程序的提前介入,即所谓的司法召集。在适用司法召集的情形下,股东首先要向法院提出申请,由法院决定是否需要召开股东大会,若认为需要召开,则发布命令。股东大会司法召集制度的设置是基于权力制衡的考虑。如果不赋予股东在请求董事会、监事会召集会议失败后的股东大会召集权,则股东的权利将面临无从救济之困;若赋予股东完全按照自己意愿召集、主持会议的权利,又可能因为权利滥用而导致公司、其他股东利益受损。此问题的解决机制之所以不太适用诉讼救济,其主要理由在于:一方面,是因为诉讼成本高,耗费时日;另一方面,是因为股东召集股东大会意欲解决的

---

① 钱玉林:《股东大会决议瑕疵研究》,法律出版社,2005,第283-285页。

问题带有急迫性，申请人急于得到迅速的、合目的性的裁判。① 利用诉讼救济方式来解决问题只会导致公司错失良机。事实上，股东与公司在公司法律明确规定的情况下，对于股东享有召集权本身并无异议。之所以要通过非讼救济，其目的在于：一是防止股东滥用权利，危害公司利益；二是司法召集可以保证召集程序合法，不会由此引发股东大会决议因程序瑕疵被撤销，预防了潜在纠纷的发生。② 总之，非讼救济适用于股东大会召集权的场合，其快捷、经济以及预防性优势得以充分体现，法院的提前介入以及法官所拥有的较大自由裁量权（相对诉讼救济而言）并不会影响双方获得公正的裁判。

因此，为保障召集权纷争得以及时、经济解决，结合我国公司法制背景，立法上规定：对于少数股东的股东大会召集权，股东首先要向法院或行政主管机关提出申请，由其决定是否需要召开股东大会，经法院或者相关主管机关同意后，由股东自行召集或由法院或相关主管机关决定股东大会召开的时间、地点。但是，对于解决中国上市公司治理的核心问题，即平衡控股股东与中小股东之间的利益冲突，防止董事、经理等高管人员的道德风险而言，非讼救济发挥作用的空间有限。

4. 完善决议瑕疵的诉讼救济机制

（1）明确决议瑕疵之诉的当事人安排。基于民事诉讼当事人确定理论以及决议的特殊性：一是拓宽决议瑕疵之诉的适格原告范围，可规定股东、董事和监事、公司及其职工、与案件具有利害关系的第三人均可提起决议瑕疵之诉，并允许上述主体作为共同原告参加诉讼；二是明确被告为公司；三是建立决议瑕疵之诉的第三人制度，即允许股东、董事、监事、公司以及与案件具有利害关系的第三人作为无独立请求权的第三人参加股东大会决议瑕疵之诉。但针对某些股东事前反对但事后明确表示同意决议内容等情形，应通过"禁反言"原则限制其行使诉权。

（2）完善决议瑕疵之诉的起诉期间规定。基于公司法律关系的复杂性，为维护公司交易行为的稳定性，保障交易安全，有必要对决议无效之

---

① 冯仁强：《股东权非讼救济途径之初探》，《民事程序法研究》2004 年第 1 期。

② 李建伟：《公司诉讼专题研究》，中国政法大学出版社，2008，第 86 页。

诉设定起诉期间。参考《德国股份法》规定,没有登记的决议可以认定为无效,但只要经过了三年期限,决议就不能被主张是无效的。① 可见,德国立法明确无效决议的瑕疵是可以被治愈的。无效决议的瑕疵治愈本质上并不是否认决议瑕疵的存在,只是导致决议无效的瑕疵在经过法定期间之后不再是请求权人可以主张决议无效的事由。② 因此,针对决议无效情形,应允许权利主体以积极的行为治愈之前法律行为的瑕疵,为此可借鉴德国立法经验,将无效之诉的起诉期间设为三年。同时考虑到利害关系人多且散的现实,也为了使得尽可能多的权利主体尤其是中小股东就讼争决议已经或将要对其造成的损害寻求诉讼救济,应将期间的起算点确定为自知道或应当知道决议作出之日起为宜。而不成立之诉属于确认之诉,一些国家和地区即便认可决议不成立之诉,也未明确不成立之诉的诉讼期间,诉讼主体均可提起确认决议不存在之诉。因为决议不成立系事实判断,其起诉权理应不受时间限制。

(3)明确法院对诉讼请求进行全面审查。域外立法(如日本)通过拟制诉讼的方式,认为只要股东在提起决议无效或者不成立之诉时处于可撤销决议之诉的除斥期间,就可以推定股东提起诉讼的时间是股东提起可撤销决议之诉的时间。在这种情况下,法院可以对当事人诉讼的瑕疵决议进行全面审查。也就是说,如果当事人提出可撤销决议之诉,法院不仅要审查决议是否包括可撤销的事由,还要对决议是否符合不成立或者无效的构成要件进行审查,然后在综合全面审查的基础上作出一个确定的关于涉诉决议效力的判决。但是对于决议效力的最终判决,如果原告不变更自己的诉讼请求,法院是不可以作出与其诉讼请求不一致的判决的。否则,就违反了民事诉讼法上的处分原则。在此情形下,法院可以对原告当事人说明,征询其是否变更诉讼请求。③ 法院对原告释明导致决议效力瑕疵的事由与原主张不一致,从而使原告变更自己的诉讼请求,继

---

① 《德国股份法》第二百一十七条第二款、第二百二十八条第二款、第二百三十四条第三款、第二百三十五条第三款。

② 钱玉林:《股东大会决议瑕疵研究》,法律出版社,2005,第287页。

③ 事实上,《最高人民法院关于民事诉讼证据的若干规定》已明确了法院释明制度,即第三十五条规定:"在诉讼过程中,当事人主张的法律关系的性质或者民事行为的效力与人民法院根据案件事实作出的认定不一致的,人民法院应当告知当事人可以变更诉讼请求。"

续审判，而非直接判决驳回当事人的诉讼请求。当原告股东坚持不变更自己的诉讼请求之后，再对其作出驳回诉讼请求的判决。这种处理相比于拟制诉讼更能兼顾保护股东权利和当事人的处分权。

（4）明确瑕疵决议诉讼的审理制度。借鉴域外立法经验，对于法院审理的数个以否定股东大会决议效力为目的的股东大会决议无效、撤销或不存在之诉应合并审理。合并后数个诉具有类似必要共同诉讼的形态。① 对于合并后的当事人地位，可列为共同原告。同时明确规定对于股东大会决议之诉应由合议庭审理。究其原因，主要是考虑到股东大会决议之诉的复杂性和涉及利益的广泛性。此外，为了防止原告股东和被告公司之间的不正当和解损害其他适格原告的利益，还应明确规定股东大会决议之诉双方当事人不得和解，且股东大会决议撤销之诉在六个月的起诉期届满之前，法院不得对案件进行审理。此举有利于其他适格原告在法律规定的期限内提起撤销之诉，进而合并对撤销之诉的审理，有助于一次性解决纠纷。②

（5）进一步明确决议瑕疵之诉判决的效力。就法理而言，判决一经作出即具有法律上的效力，任何人不得随意撤销或变更，当事人也不得就同一诉讼标的再行起诉或在其他诉讼中提出与确定判决相反的主张。一般而言，判决的效力对非诉讼参加人无拘束力，但在特殊情形下，也可能会发生判决效力扩张的现象。公司法理上认为，股东大会决议诉讼具有类似必要共同诉讼的性质，判决的效力范围及于未参加诉讼的其他股东。针对现行公司立法中关于决议瑕疵诉讼判决存在的制度缺失，应当区分原告胜诉和败诉两种情况，对此类判决的效力作出相应的规定。关于原告胜诉的判决效力，判决应具有对世效力与溯及力，但对于以该决议为前提或条件而发生的对外法律关系，要兼顾对善意第三人利益的保护。关于原告败诉的判决效力，对其他适格原告不产生法律效力，其他适格原告可在起诉期间内再提起决议瑕疵之诉。至于对驳回起诉的股东大会决议之诉判决是否具有约束力，应根据驳回的理由加以判断，如果因为原告股

① 谢文哲：《公司法上的纠纷之特殊诉讼机制研究》，法律出版社，2009，第 120 页。
② 蒋丽华：《德国股东会决议之诉的特色与借鉴》，《湖北工程学院学报》2020 年第 1 期。

东诉讼主体资格不适格而被驳回,则对其他股东不具有约束力;如果因为案件事实不充分而被驳回,则对其他股东可能具有约束力。

(6)完善决议瑕疵之诉的特别程序规定。就诉讼担保而言,为充分发挥诉讼担保的制度功效,法院在判定是否要求原告股东提供担保时,应规定被告公司需要证明股东为恶意诉讼,即出于不正当目的起诉。否则,法院不得要求原告股东提供担保。至于担保范围,可以公司重新召集股东会议可能发生的成本以及为防御诉讼所可能发生的诉讼费用为参考标准。此外,为避免瑕疵决议被判决无效或撤销甚至不成立时所产生的执行困难(主要因为原瑕疵决议已被执行而与他人发生了法律关系,如已向股东分配股利等),应设置财产保全或行为保全制度;为从程序上保障受判决影响的其他利害关系人参诉的权利,在原告提诉时,公司应将诉讼事实以公告形式告知利害关系人,公司法也应设置决议瑕疵诉讼公告制度;就管辖法院而言,公司诉讼作为民事诉讼,在地域管辖上理应适用民事诉讼法中的一般管辖原则,将被告公司所在地法院作为决议瑕疵之诉的管辖法院。韩国公司法将公司诉讼的管辖法院明确为总公司所在地的地方法院。正是因为有关公司的诉讼中公司成为被告,同时为防止一个案件在多所法院进行诉讼而产生不同的判决,所以公司诉讼不允许有协议管辖、任意管辖。①

(三)发挥公司法领域中的司法能动性

1.公司法领域中司法能动性存在的正当性

所谓司法能动性是指法官在审理具体案件过程中,不因循先例或成文法的字面含义来解释和适用法律的司法理念以及基于此理念的司法行为。司法能动性意味着法院通过解释对法律进行创造和补充,故又称法官立法或司法立法。在公司法领域中发挥法官或法院的司法能动性具有正当性,其理由在于:一是法官办理公司案件过程中需要遵守公司法以及诉讼中的程序规则,遵守正当程序是遏制司法者恣意妄为的制度屏障,也是司法能动性赖以存在的正当性基础和前提。二是公司法的私法属性为法院或法官提供较大余地的自由裁量空间。三是公司法规范的特殊性

---

① 〔韩〕李哲松:《韩国公司法》,吴日焕译,中国政法大学出版社,2000,第84页。

（即对标准规定的模糊性）需要能动司法。四是公司法价值理念的多元化以及公司立法的局限性，需要能动司法。五是公司治理法律实践的复杂性需要能动司法。① 由于公司法案件复杂、多变的特性，仅依靠成文法难以解决根本问题，各国频繁地修正公司法便是明证，因此，有必要在公司法领域发挥司法活动的能动性和创造性。实践也表明，大陆法系国家在处理公司案件中，由判例累积的经验发挥了巨大的作用。英美判例法中的各种学说和观点极大地丰富了公司法的理论。

2. 公司法领域中司法能动性的功效

公司法律规则只有通过法院在司法实践中针对具体案件分析推理，加以运用，才能与公司实践相衔接，真正成为公司运营的实践准则。尤为重要的是，公司案例本身也可指引人们深入理解公司法律规则。可见，公司法领域中的司法能动性的发挥对于完善公司规则意义重大，主要表现在：一是有助于填补公司法律漏洞，如最高人民法院分别在 2006 年、2008年、2010 年、2017 年与 2019 年公布了五个《公司法》的司法解释。这五个司法解释的内容，有的是对法律规范不完整或不清楚的解释性规定，有的是对法律漏洞的填补，有的是对公司实践需求的回应②，有的是对党和国家重大政策的具体化③。二是有助于实现规则的具体化，如现行《公司法》有关勤勉义务的规定仅为原则性的④，至于其认定标准则由法院根据实践进行具体分析，通过个案裁判的不断实践和总结，立法上的模糊性将变得清晰、具体。当然，司法实践中对此类个案进行裁判时，不同法院论证说理的思路存在差异，有的法院明确区分忠实义务和勤勉义务，将董事、监事和高管的行为进行归类，进而确定违反的是忠实义务还是勤勉义务；而

---

① 褚红军：《能动司法与公司治理》，法律出版社，2010，第301-308 页。
② 如现行《公司法》有关公司决议瑕疵救济的规定无法回应公司实践中出现的决议不成立情形。《公司法司法解释四》对决议不成立的引入，不仅回应关于公司决议瑕疵类型"二分法"与"三分法"的学理争论，还在一定程度上明确了从程序瑕疵上辨识决议不成立与决议可撤销的司法困境。
③ 如现行《公司法》有关股东（尤其是中小股东）权益保护方面的规定还不够具体和完善，《公司法司法解释五》对公司法适用中有关中小投资者权益保护等相关问题进一步明确，对相关制度进行了完善，就是深入贯彻落实新发展理念的具体举措，有利于为经济高质量发展创造良好的法治环境，从而为优化营商环境提供良好的司法保障。
④ 现行《公司法》第一百四十七条第一款规定：董事、监事、高级管理人员应当遵守法律、行政法规和公司章程，对公司负有忠实义务和勤勉义务。

有的法院对"忠实勤勉义务"未加区分,致使对违反"忠实勤勉义务"行为的认定较为随意。三是有助于丰富公司法规则。在公司立法与实践领域中,既定的有限规则永远无法满足丰富的公司实践的需求。"在规则范围和判例理论欠缺的领域,法院发挥着创制规则的作用。"[①]也就意味着,在公司立法的司法解释不明确、裁判依据不足的情形下,可以援引商事习惯进行裁判;无商事习惯的,可依据公司法理裁判。这样,公司规则必将日益丰富和发展。比如,源于美国公司判例的"商业判定规则"的确立,为法官审查董事是否违反其注意义务提供了司法审查标准,具有较强的可操作性,体现了法官对案件受理的现实态度和对商业运行规则的尊重。我国现行《公司法》并未直接规定商业判定规则,但其中所蕴含的客观评价标准及司法理念,对于我们在司法实践中处理关涉董事责任的公司案件不无启示。

然而,司法介入和干预公司治理并非无任何限制。换言之,公司法领域中的司法能动性是有限度的。因为在属于私法属性的公司法领域中,公司经营管理属于公司自治范畴,司法一般不予干预。如果司法随意或过度干预公司自治,公司的股东尤其是大股东可能会因此丧失投资的积极性,不利于公司发展。只有在公司内部救济失灵的情况下,司法才有介入的必要。因此,司法对公司自治领域的介入和干预应当适度、合理。

3.公司决议效力判定中司法能动性的拓展

有关股东大会决议瑕疵之诉的类型,我国现行公司制度规定了决议可撤销之诉、决议无效之诉与决议不成立之诉,但在公司司法实务中,确实也存在股东大会决议效力确认纠纷。但由于现行公司法对效力确认之诉未予明确,法院可否就确认股东大会决议有效的诉讼予以受理?对此,不无争议。以下就以上海实信产权经纪有限公司股东会决议效力确认纠纷案为例进行分析[②],以期说明公司法领域中司法能动性存在的正当性与实效性。

案情:孙某、施某、李某三人共同出资设立了上海实信产权经纪有限公司(以下简称"实信公司"),三股东持有股权比例为3∶3∶4,李某任法

---

① [英]哈特:《法律的概念》,张显文译,中国大百科全书出版社,1996,第134-135页。

② 尽管所选案例是关涉有限公司股东会决议效力确认纠纷,但对于此纷争是否具有可诉性的认定标准完全适用于对股份公司股东大会决议效力确认纠纷的处理。

定代表人。公司章程规定"股东会决议应由代表二分之一以上表决权的股东表决通过"。2006年5月,实信公司向法院对孙某提起过诉讼。2006年10月9日,实信公司召开股东会,三名股东在签到簿上签到。会议形成的沪实股字2006第007号股东会决议内容为:(1)重申免去李某在公司一切职务;(2)公司2006年9月6日与孙某签订的协议真实有效;(3)公司向法院撤回对孙某的诉讼,由此产生的后果和费用由李某承担。孙某、施某在上述决议上签字,李某没有签字。孙某依据该决议到工商部门申请变更公司法定代表人登记事项,因李某曾致函"任何工商登记事项变更均需法定代表人到场方可办理"而遭到工商部门的拒绝。然而,李某不认可上述股东会决议,但也未就此提起确认决议无效或撤销之诉。孙某遂向法院起诉,要求确认上述股东会决议有效。

一审法院经审理认为:公司法及实信公司章程均规定,股东会应对所议事项的决定作出会议记录,出席会议的股东应当在会议记录上签名。现孙某要求确认有效的股东会决议,未见有形成该决议的会议记录,程序上存有瑕疵。而且,在李某否认股东会有过该决议的情况下,未有会议记录和其他相关证据的印证,仅凭孙某、施某签名的决议材料,难以确认股东会作出过上述决议。于是,判决驳回孙某的诉讼请求。

孙某不服一审判决,提起上诉。二审法院经审理认为:公司法以及其他法律法规均没有规定股东有权提起确认股东会决议有效之诉。《公司法》第二十二条作出有关决议撤销之诉及无效之诉的规定,旨在赋予可能受瑕疵决议损害的股东行使法定的股东救济权利,以保护其合法利益。但如果该股东不主动依据《公司法》的上述规定提起诉讼,法院则不应通过国家强制力直接干预公司自治范畴内的事务。本案中,从系争股东会决议内容看,显然对股东李某不利,但李某并未提起决议无效或撤销之诉。在此情况下,法院受理另一股东孙某要求确认决议有效的诉讼,本质上不符合法院受理民事案件的条件,法律上也缺乏相应的依据。原审法院对本案进行实体处理不当,应予撤销。孙某的起诉,依法应予驳回。据此裁定撤销原审判决,驳回孙某的起诉。①

对于上述案件,一、二审法院作出不同的处理。至于法院是否应当受

---

① 参见(2008)沪二中民三(商)终字第82号及相关诉讼材料。

2

理确认股东会决议有效的诉讼,存在肯定与否定之说。持肯定观点的理由在于:(1)公司法没有规定股东大会决议有效诉讼并不等于股东就不能提起此类诉讼。新公司法的可诉性虽与旧公司法相比已显著增强,但也并非完美无缺。在立法存在缺陷的情况下,法院应当受理法律无规定或者规定不明的公司诉讼案件。(2)从逻辑结构上分析,既然股东可以提起股东大会决议无效之诉、撤销之诉,股东当然也就可以提起股东大会决议有效之诉。(3)从司法作为解决社会纠纷的功能出发,也应当认定股东可以提起要求股东大会决议有效的诉讼。持否定观点的理由在于:(1)从立法规定看,新旧公司法均没有规定股东大会决议有效确认之诉,可见立法者对股东大会决议有效诉讼是持否定态度的。(2)公司法规定了股东大会决议无效和撤销之诉,因此,只要股东没有提起股东大会决议无效或者撤销之诉,人民法院就不应当干预本属于公司自治范围内的事务。(3)经股东大会表决通过的决议,如果有关人员不按照决议内容履行,与股东大会决议有利害关系的股东以及公司可以提起履行相关决议内容的诉讼,或者提起损害赔偿诉讼。[①]

　　事实上,判断法院是否受理确认股东会决议有效的诉讼,关键在于原告对于确认决议有效的诉讼是否具有诉的利益。就本案而言,原告孙某诉请的股东会决议效力,在另案诉讼中无法得到确认,原告不能依据该股东会决议第三项内容撤回公司对自己提出的诉讼,也无法依据该股东会决议第一项内容就另案诉讼中李某作为公司法定代表人代表公司诉讼的行为提出异议。正是由于该决议效力未定,才使得原来的法律关系一直处于对原告孙某不利的状态,也就意味着,原告孙某通过该股东会决议本可实现的权利也处于对其不利的状态之中。并且原告孙某的另案诉讼因本案诉讼的提起而中止,反映了原告在另案中法律权益能否得以维护取决于本案法院是否确认股东会决议效力。鉴于此,原告孙某对确认决议有效的诉讼具有诉的利益。尽管原告孙某可于事后就被告不履行原决议而损及自身时提起损害赔偿之诉,但赔偿之诉难以涵盖其在确认决议有效之诉中所具有的诉的利益,如基于法定代表人身份所获得的诉的利益。

[①] 俞巍:《股东请求确认股东会决议有效的诉讼不宜受理》,《法学》2008年第9期。

因此，就本案而言，法院应当受理原告孙某确认决议有效的诉讼。至于如何裁判，本案法院首先应对决议的效力进行审查。从程序上看，股东会的召开和决议的作出，均应遵循法定与章定的程序，根据本案案情，该股东会决议得到了占公司三分之二表决权的孙某和施某两股东的赞成，符合章程规定的"决议应由代表二分之一以上表决权的股东表决通过"。尽管该决议的作出没有按照 2005 年《公司法》的要求制作会议记录①，但由于该公司以往的决议均未单独制作过会议记录，故未制作会议记录仅为轻微的程序瑕疵，不足以否定决议的成立和生效。从决议内容来看，不得违反法律法规的强制性规定以及公司章程的规定。对于本案讼争决议关涉的三项内容是否合法、合章，需要分别进行认定。其中第一项关于公司管理层任免的决定属于股东会的法定职权；第三项关于公司诉讼行为规定的认定取决于章程是否将此列入股东会职权范畴中；第二项关于公司与股东签订合同的效力认定，与讼争决议效力认定无涉，可以另案诉讼由法院依据《中华人民共和国合同法》（简称《合同法》）中的效力规则加以判定。值得注意的是，并非所有确认股东会决议有效的诉讼，法院均应受理，关键还是取决于原告对于其提起的确认之诉是否具有诉的利益。

法院对于具有诉讼利益的确认决议有效之诉的受理，充分体现了在必要时将司法能动性引入公司治理的正当性和实效性。股东会决议是形成和体现公司意志的重要机制，司法审查股东会决议的效力正是立足于公司自治的本位性，落实私法关系中的诚实信用，防止部分股东将个体意思拟制为公司意志，保障公司自治机制顺畅运行的重要机制。此外，基于公司纠纷具有复杂多变的特性，仅依靠公司法具体规则进行司法救济难免存在疏漏之处，需要依据法官自由裁量权的辅助，才能保持公司成文法体系的开放性。在法律许可范围内，法官的创造性裁判回应了公司纠纷当事人诉诸司法的客观需求，体现了司法对成文法漏洞的补充和对既有规则的丰富，推动了公司法与公司制度的发展。

---

① 2005 年修改的《公司法》第四十二条第二款规定：股东会应当对所议事项的决定作成会议记录，出席会议的股东应当在会议记录上签名。

结语　股东大会决议、公司治理与国家治理现代化

一、股东大会决议对公司治理的影响

对公司治理相关问题的研究是当前学界较为关注的热点之一,其研究范围涉及经济学、法学、管理学、社会学等诸多领域。这一问题的研究成果直接推动了中国现代企业制度的建立和公司法的修改。以法学研究为切入点,从不同的视角,对国内多年来的公司治理相关研究成果予以审视,其内容涉及公司治理的范畴与理念、公司治理的路径,以及公司治理研究中广受关注的公司章程、股东(大)会决议瑕疵、董事会与董事、监事会、职工参与、中小股东利益保护等方面。以下就股东大会决议对公司治理的影响进行简要分析。

(一)股东大会决议的制度基础:股东民主

公司是股东选择投资的一种有效的生产经营组织形式。股东是公司存在的基础,股东对公司出资的总额构成公司的资本,而公司资本则是公司启动和存续的物质前提。正因如此,股东是公司的所有者,公司的一切权力属于股东,股东对公司不仅享有控制管理权,而且享有剩余财产的索取权。由于公司的权力来源于股东,因此,公司的重大事务由股东当家作主,实行股东民主管理就必然成为制度上的选择。在法律结构上,股份有限公司制度是由全体股东通过"一股一票"机制行使控制权或支配权的民主性很强的制度。股东民主的实质就在于行使公司权利。① 可见,股东

---

① 郭富青:《论股东民主的异化与公司治理变革的趋向》,http://article.chinalawinfo.com/Article Detail. asp? ArticIe ID=34984,2023 年 5 月 20 日访问。

民主一方面表明了股东在公司中的主权地位，另一方面体现了作为公司主人的股东，通过行使股东权力参与公司重大事项决策的一切行为。

股东大会作为公司的最高权力机构和决策机构必须依据民主理念而建立和运作，否则股东大会就失去存在的必要性。股东参与公司事务的治理本质上属于共同治理，为了避免多元治理主体之间的矛盾与冲突，公司治理就需要适用民主理念对公司事务进行集体决策。"但关于民主的理论如欲令人满意，必须能适用于任何类型或大小的会议，而不仅是民族国家。"[①]正是由于会议是体现民主的主要载体，所以股东民主需要通过公司会议的形式得以直接或间接地展现。正如有学者所言："股东民主的实现并不取决于民主抽象概念和原则，而是有赖于直接的和间接的民主制度和确保公正合理运作的程序设计。"各国公司立法对股东直接民主均采取股东大会作为其实现形式，而股东间接民主则是由股东通过自愿投票、选举董事组成董事会的形式来代表股东对公司事务行使管理权。公司尤其是股东人数众多的公众公司在治理方面必须将直接民主和间接民主结合起来，才能确保公司既有良好的经营效益，又能促使股权公平地实现。[②]作为股东民主实现的直接形式，股东大会就是通过股东大会会议的形式形成股东大会决议，通过多数股东的意思合致形成公司团体的具有法律约束力的集体意思，反映的是公司意志。[③]当然，股东民主相对于政治民主而言，有其自身的特殊性。一是股东民主作为公司治理的基石，在其价值目标体系中必然偏向自由和效率，而政治民主作为一种政治制度，在其追求的价值目标体系中强调公平和安全；二是公司的集体决策机制采取"一股一票"制；三是公司治理中股东之间的冲突往往表现为经济利益层面，正是基于股东之间经济利益的趋同性，使得他们之间的冲突更适宜于通过民主决策的形式消解；四是为确保全体股东拥有直接或间接参与公司治理的权利，股东民主表现为通过股东大会、董事会等公司机构进行相互协商与讨论，以消除分歧、达成共识。

① ［美］科恩：《论民主》，聂崇信、朱秀贤译，商务印书馆，1988，第9页。

② 郭富青：《论股东民主的异化与公司治理变革的趋向》，http：//article.chinalawinfo.com/Article Detail.asp？Article ID＝34984，2023年5月20日访问。

③ ［韩］李哲松：《韩国公司法》，吴日焕译，中国政法大学出版社，2000，第348页。

　　股东民主就是指全体股东共同行使应由股东群体共同行使的权力，维护股东群体的共同利益。股东民主的核心是充分挖掘股东大会制度的资源，坚持股东集体参与决策，反对个别股东在股东大会之外向股东大会、董事会和经理层发号施令；坚持将多数股权蕴含的意思表示拟制为公司的意思表示，反对将少数股东的意思表示拟制为公司的意思表示；坚持股东集体决策的程序严谨、内容合法，反对股东集体决策的程序瑕疵与内容违法。处理股东与股东相互关系的股东民主规则主要体现为少数股权服从多数股权的资本多数决规则。① 上市公司股东大会作出决议时，一股代表一个表决权，少数股权的意思表示服从多数股权的意思表示。

　　股东大会制度中的股东民主，主要体现在股东大会决议的形成要遵循"程序严谨、内容合法"的法定要求。程序严谨是指股东大会会议的召集程序、表决方式不仅应当遵守法律、行政法规中的程序规则，而且应当遵守公司章程中的程序规则。根据现行《公司法》规定，凡是程序上违反法律、行政法规和公司章程的股东会决议，是可撤销决议。股东有权请求人民法院撤销这些决议。在实践中，存在一些股东大会、董事会混合共同召开的"两会合一"现象，部分原因是参会人员既是股东代表，也是董事会成员。但严格说来，股东大会与董事会是公司的两个不同机构，不应由于两个机构的参会人员的重叠和交叉就否认两个机构以及两个机构决议的差异。因此，公司的股东大会会议与董事会会议作为不同的会议，应当分别召开、分别表决、分别制作决议。内容合法是指股东大会决议的实体内容应当遵守法律、行政法规的强制性规定，遵循诚实信用原则，不得损害他人的合法权益。倘若某上市公司股东大会决议责令全体流通股股东各自将其持有的半数股份转让给重组方，则此种股东大会决议属于无效。理由是，股东大会作为公司的最高决策者，只能处分公司的财产权利，不能处分股东的私有财产。而股权不属于公司的财产，是属于股东的私人财产。因此，此种股东大会决议属于侵权行为，任何股东均有权请求法院确认无效。民主的实现需要建立在平等理念的基础上，只有树立平等理念才会产生和实现民主诉求。同理，只有坚持股东平等原则，才能实现股

---

① 刘俊海：《弘扬股东民主理念激活股东大会制度》，《董事会》2008 年第 10 期。

东民主。因为股东民主内含着股东之间的平等，即对大股东和中小股东给予平等的法律保护；坚持多数决，但同时保护少数的合法权益，即多数不能剥夺少数的基本权利，少数也不能否定多数的基本权利。股东平等原则是公司立法的一项基本原则。股东平等不仅体现在股东的法律地位平等，还体现在出席股东大会会议的股东资格方面以及股东权利的行使方面。因此，在动态意义上，股东民主就是作为公司所有人的股东行使股东权利的过程。

（二）股东权利在公司治理中的地位及其理论意义

在公司现行制度框架下，股东既是公司活动的重要参与者，也是公司治理任务的主要承担者，原因在于股东不仅是公司财产的提供者和公司股权的所有者，而且是公司股东大会的当然成员。而股东大会作为公司内部的法定机构，是公司最高权力机构和决策机构，股东通过参加股东大会就可以参与公司的决策与监督活动，从而成为公司的治理主体。作为公司治理主体的股东，其对公司的治理活动主要通过两种方式来实现：一是通过参加股东大会，行使对公司重大事务的决定权；二是通过委派自己的代表进入董事会和监事会，对公司进行"相机治理"。[①]

虽然公司立法已经明确规定公司事务主要由董事会等经营机构来负责，但股东可以通过在股东大会上行使表决权、提议权、质询权等对公司经营事务施加影响。其中，股东参加股东大会的权利是股东参与公司治理的先决性权利，是公司立法赋予股东的固有权，公司不得对该权利进行限制或剥夺。表决权是股东参与公司治理最重要的一项权利，也是股东参与公司决策、监督管理人员的重要手段，是公司民主机制发挥作用的载体。股东表决权之主要功能及意义，在于透过民主程序，使得身为公司所有者之股东，能适当监督公司之人事布局与经营策略，借以确保自己对公司之投资不致落空而能被合法适当地运用。股东之表决权若个别地来看，或许不具有重要性；但若从整体观察，能够决定事务、选任代表、监督等，是相当有价值的。因此股东表决权的行使，绝对是落实股东民主之关键因素。

---

① 赵万一：《公司治理法律问题研究》，法律出版社，2004，第 139 页。

　　股东有权决定出席股东大会权和表决权的行使方式,可以亲自行使,也可委托他人代理行使。针对股份公司尤其是上市公司股权高度分散的情况,由于时空等因素的限制或认为自己的表决权影响力不足,不能或不愿亲自参加股东大会和亲自行使表决权,这就为表决权委托代理制度的产生提供了可能。一方面,该制度可以使股东大会得以召开,使得公司的重要事项及时形成决议,因而提高了公司的运作效率;另一方面,该制度也可以通过委托书使小股东参与公司管理,保障了小股东的地位,体现了股份民主。但表决权委托代理制度也有可能导致因委托书的放任使用而引发的股东表决权的野蛮征集,造成侵害股东知情权、违背股东意愿的结果,从而干扰公司运作。[①] 表决权征集最主要的意义在于优化公司治理的结构,保障中小股东的利益,也给予公司管理层更多独立的决策性权利。[②] 其实,表决权征集在本质上属于表决权的集体代理,现行《公司法》允许股东委托代理人出席股东大会并行使表决权,因而表决权征集的合法性得以确立。但目前上市公司并未广泛推行该项制度,主要由于法律缺失具体的程序性规定,未明确有权征集的主体资格以及征集的审批备案程序等。此外,现行立法也未明确表决权委托代理人资格、代理人表决权的限制、授权范围以及有偿委托征求的禁止等。尽管有些部门规定对股东表决权征集有所涉及,但主要局限于上市公司,且这些规定的效力等级较低,难以提供普适性的规制依据和规制力度。因此需要通过公司立法进一步完善表决权委托代理制度,明确表决权委托代理中出现的一些模糊地带。

　　尽管表决权代理在优化公司治理结构和保护中小股东利益方面具有积极意义,但由于股份公司股东人数众多,且持股分散,股东在行使公司控制权时容易产生"搭便车"现象,加上信息不对称等因素的影响,导致公司的控制权落入控股股东或最高经营者手中,广大的中小股东则被置于公司治理结构之外,几乎没有任何权利。由于大股东、控股股东利用自身

---

　　① 小股东在公司人微言轻,也缺少管理公司的动力,表决权征集制度让有诉求、有主张的小股东有机会征集到大量表决权,从而代表小股东的集体利益,使其声音和利益诉求更多地被股东大会听到并纳入考量。参见赵旭东:《公司法修订中的公司治理制度革新》,《中国法律评论》2020 年第 3 期。

　　② 伏军:《公司投票代理权制度研究》,《西南政法大学学报》2005 年第 4 期。

资本优势并且通过公司机构作出决议，损害公司利益和中小股东利益，迫使中小股东只能用脚投票，甚至出现小股东放弃参加股东大会行使表决权的"理性冷漠"。这样就导致了所谓的股东民主异化现象，即作为公司所有人的股东的权利无法得到行使和保障，与经营管理层相比处于弱势地位；股东平等遭到破坏，中小股东与大股东、控股股东之间不能体现股东平等的理念；股东自由不能得到保障。这种变化意味着在公司治理中中小股东控制力的减弱，使得以委托代理理论为基础的公司治理理论显示出难以克服的缺陷，即股东利益最大化的公司治理目标难以延续。

正因如此，传统的以委托代理理论为基础、以约束代理人行为为主要内容、以实现股东利益最大化为公司治理目标的"股东中心理论"（shareholder—focused theory），自20世纪90年代以来受到"利益相关者理论"（stakeholder theory）的挑战。"利益相关者理论"认为：公司的目标函数不应只是股东利益的最大化，而应照顾所有利益相关者（如股东、债券持有人、员工、经营者、供应商、客户与政府等），这些利益相关者应该共同享有公司的剩余和控制权。公司的最终目标虽然以维护股东利益为主，但并不仅仅局限于股东利益最大化，而更应该关注的是全体利益相关者的共同剩余最大化。主要原因在于：股东为公司提供的是物力资本，员工提供的是人力资本，债权人提供的是融资或信用支持，其他相关方则为公司经营提供了各种外部环境和条件。公司的运营状况都直接影响到这些相关方的切身利益。正因如此，公司治理也不再仅仅是股东们的专利，所有利益相关者都应该具有为保护自己利益而参与公司治理的权利与义务。

（三）公司治理中股东大会决议与股东权利的关系

现代公司立法的主要目的就是保护作为股东与潜在股东的投资者利益，其投资利益在经济上表现为获得最大化剩余收入（如红利与股票增值）。为此，他们必须拥有对经营者活动施加控制和监督的权利，才能使其收益得到保证。在公司治理研究中，股东控制权利与监督权利的完善及其有效行使是其主要内容。其中，控制权利对应的主要是投票表决权及其股东大会参加权，这类权利实质是对公司事务进行管理，股东只有通过股东大会来行使这类权利。监督权利对应的主要是知情权，知情权是股东行使其财产权与管理权的必要保证。此外,在股东利益和公司利益受到侵害时,股东应拥有自力救济和通过诉讼进行公力救济的权利。

股东大会是公司内部机构,是全体股东行使公司剩余控制权利的机构。股东大会决议所体现的意思就是股东整体的意思、公司的意思,股东大会决议可以看作是股东之间的团体契约。所以股东大会不仅是股东个人行使权利的载体,还可以通过股东大会决议影响股东权利的抽象存在以及权利的实际享有程度。由于股东权利的抽象规定涉及股东与公司之间、股东与股东之间的基本关系的界定,是公司存在的根本问题,所以法律一般都要求用公司章程对其加以确定。事实上,公司章程也可以被看作股东大会决议的产物。尽管公司章程在公司成立前由创立大会通过,但创立大会是股东大会的前身,与股东大会本质上是相同的,因此在公司成立后,股东大会享有法定的章程修改权利。股东权利属于公司立法的一项主要内容,但作为公司内部宪章的公司章程也应当有股东权利的具体规定。① 股东大会有权通过决议界定股东权利的抽象边界,这样的规定对股东具有绝对的效力。同时,股东大会修改章程的决议也可成为异议股东行使救济权的前提。显然,公司章程会影响股东的权利。股东大会除了有权对修改公司章程作出决议之外,还可以对公司增资、减资,公司合并、分立、解散或者变更等重大事项及其他事项作出决议。这些决议也会影响股东的权利,一方面,异议股东可以针对这些决议的效力提起诉讼;另一方面,股东可以通过决议将法定和章定的抽象请求权转化为具体请求权(比如股东要获得股利,除了必须具有可分配利润这个实质条件外,还必须存在公司已经作出利润分配决议这个程序条件)。

总之,股东大会决议可以一般地决定股东权利的存在、行使条件与程序,对公司法的抽象规定加以限制,也可以具体地决定股东能否实际享有已经存在的某些权利以及享有的程度。但是股东大会决议也要受到股东权利的限制。尽管股东大会决议对所有股东都具有一般的约束力,但公司立法也赋予了异议股东对决议效力问题提起诉讼的权利(包括决议撤

---

① 但股东所必备的特别重要的一些权利由公司立法作出强制性规定。这些权利也被称为固有权利,没有经过股东的同意必能受到限制或剥夺,公司章程必须遵守这些强制性规定。

销之诉、决议无效之诉、决议不成立之诉)，要求公司以公平的价格回购股份的权利，对造成股东损害的决议有权提起损害赔偿之诉，请求法院解散公司的权利等。这样规定的逻辑在于：股东大会决议一旦形成，就当然对全体股东具有约束力，但如果股东提起决议效力之诉，或回购股份请求，或损害赔偿之诉，或请求法院解散公司等措施成功了，股东就可以不执行该决议。这样就在一定程度上否定了股东大会决议的效力。

二、以公司治理推进国家治理现代化

公司治理结构及其机制与国家治理体制有诸多相通之处。公司治理可以理解为在公司各相关方之间进行利益与约束的分配和安排。公司治理的主要目标就是协调和平衡各方之间(投资者与管理者之间、股东与股东之间、公司与公司外部当事人之间)的冲突和利益，以维护公司正常稳定的经营和社会交易的安全秩序。公司治理结构的关键在于明确划分股东大会、董事会和监事会各自的权力、责任和利益，形成三者之间的制衡关系，保证公司治理的有效运行。一是董事会和股东大会之间的信任托管关系。股东作为所有者掌握着最终的控制权，他们可以决定董事会人选，并有权推选或不推选某位董事。授权给董事会全权负责公司经营决策，董事会拥有支配公司法人财产的权力并有任命和指挥经理人员的权力。二是董事会与监事会之间的监督与被监督关系，监事会作为公司的监督机构，有权对董事会和经理人员的活动进行监督，董事会和经理人员不能逃避监事会的监督，但是监事会无权代替董事会和经理人员进行决策，不能干预公司正常的经营管理活动。此外，公司治理成效一定程度上还受制于公司与员工之间的关系。现代公司治理理论之所以强调员工参与，主要缘于公司员工通过一定的方式或媒介，既包括董事会、监事会等内部机构的参与也包括外部的谈判、监督等方式，参与公司的决策与日常管理过程，监督公司运行，从而维护自身的合法权益，促使公司良好运转。

公司治理是现代企业管理的重要基石，关系到公司的长期稳定发展，以及股东利益最大化和市场经济的变化发展。改进公司治理不仅是提高公司运营质量、打造高质量发展的资本市场的关键，而且是国家治理体系和治理能力现代化的内涵之一，也是中国式现代化的题中应有之义。中国式现代化离不开市场经济的发展。公司是最重要的市场主体之一,公司治理与中国式现代化的进程密切相关。中国式现代化既是生产力的现代化,也是生产关系的现代化。从生产力维度来看,解放和发展生产力是社会主义的本质要求,更是中国式现代化的本质要求。从生产关系维度来看,必须坚持和完善中国特色社会主义制度,推进国家治理体系和治理能力现代化,牢固确立社会主义生产关系的主体地位,不断增强社会主义因素在整个经济体系中的影响力、控制力。[①]

(一)公司治理与国家治理的内在关联性

2013 年党的十八届三中全会首次提出"国家治理"理念,并明确了全面深化改革的总目标是推进国家治理体系和治理能力现代化。这对我国社会主义现代化事业具有十分重要的理论意义和现实意义。国家治理体系主要涉及四个基本层面,即国家治理、公司治理、政府治理和社会组织治理。公司治理是国家治理体系的基础,中国的治理改革是从公司治理改革起步的,公司治理是治理改革的先行者,而公司治理成功与否又要取决于国家治理改革的成效如何。

治理的民主性是公司治理与国家治理相契合的逻辑基础。在美国政治学家罗伯特·A.达尔(Robert A. Dahl)看来,既然民主制度在国家治理中是正当的,那么,它在公司治理中也应该是正当的,反之亦然。[②] 离开国家治理,很难全面理解公司民主与国家发展的关系。一般而言,作为大型的股份公司在国家资源配置中具有关键作用,而组织一体化是决定公司发展乃至国家发展的核心因素之一。纵观美英德日等西方国家的兴衰历史,公司民主化的特质及其程度是组织凝聚力的关键方面。公司民主的基本取向是尊严与权益和价值潜能的人性化,以及组织与个体、个体与个体之间的合作。这一基本取向在组织凝聚力的塑造过程中则体现为每个组织成员之间以及组织对每个成员具有尽可能的包容性。公司和国家的发展不仅需要个体的创造力,更需要每个成员对组织的积极参与及

---

① 胡乐明:《深刻把握中国式现代化理论》,《中国社会科学报》2022 年 11 月 28 日第 1 版。

② Robert A. Dahl, A Preface to Economic Democracy(Berkeley: University of California Press, 1985), p. 123.

其相互合作。尽管自 18 世纪后期一些西方国家的公司民主形态呈现多样性和偶然性,但事实上,公司民主形态是根植于所在国家的历史,并受特定历史条件的限定,既为国家治理所塑造,也促进国家治理的变化。可以说,国家立法、国家治理能力乃至国家教育体制等,从不同角度对大中型公司民主治理产生不同程度的影响,使其形成直接相关的权力架构与关系格局。不仅如此,国家意识形态乃至社会政治对公司民主也具有明显的促进或阻碍作用,尤其是与公司产权与治理结构具有深层关联进而影响公司民主。甚至有学者指出,政体对公司治理制度的影响起决定性作用。①

至于中国公司治理与国家治理的逻辑关联,可以从中国治理改革的路径和治理改革的结构这两个方面来理解。改革开放以来,中国的改革路径是先从作为经济基础的企业改革着手,再进行政府改革、社会组织改革和国家制度改革,而改革的目标依次为建立现代企业制度、现代政府制度、现代社会组织制度、现代国家制度,因而相应就要先进行公司治理,再进行政府治理、社会治理和国家治理。从中国治理改革的顺序看,公司治理改革是先行的,能为国家治理改革提供经验和借鉴。从中国治理改革的结构看,公司治理是国家治理体系的重要内容。如果从"政府—市场—社会"的逻辑解构,国家治理体系主要包括规范政府行为、市场行为和社会行为的一系列制度和程序。也就是说,一方面,政府、市场和社会构成国家治理的主要主体;另一方面,国家治理体系的建立需要将公司治理、政府治理以及社会组织治理作为核心内容,并引入相应的、适应各层次的治理模式。② 在推进国家治理现代化进程中,公司能够充分有效地参与,对公共治理具有重要影响。其中,公司民主治理尤为关键。可见,公司内部治理的行为逻辑会影响公司参与公共治理的行为逻辑。在内部治理倾向于民主协调的公司,往往在公共治理中更善于对外协作。③ 公司与政

---

① 马克·罗伊:《公司治理的政治维度:政治环境与公司影响》,陈玉峰等译,中国人民大学出版社,2008,第 288 页。

② 曹伟:《以公司治理推进国家治理体系现代化——专访南开大学中国公司治理研究院院长李维安》,《审计观察》2018 年第 4 期。

③ 林拓、虞阳:《无声的民主:企业民主与国家治理》,人民出版社,2016,第 304-305 页。

府、社区、社会组织等多元治理主体的联结日益紧密,公司在国家治理中的重要地位与独特价值不断凸显。效率不再是公司治理的唯一标准,公司治理的民主协调将进一步推进公共治理的协调协作,公司与员工都将更加深入地参与到国家治理中。当前我国公司参与公共治理,有助于破解公共治理的资源、价值、机制等诸多难题。以公司为载体的员工参与,更有助于培育社会公众的公民意识和公共精神。在国家治理现代化进程中,公司参与公共治理显得尤为重要和迫切。

组织在处理内外关系时,有着与其产权结构制度逻辑相统一的行为方式,意味着企业处理内外部关系的方式与其组织制度逻辑内在统一。[①]公司治理因产权性质不同而会呈现出不同的治理特色。以下就国有企业公司治理与国家治理的内在关联性进行探索。

1.治理体系的情境性与时代性

一个国家选择什么样的治理体系,是由这个国家的历史传承、文化传统、经济社会发展水平决定的,是由这个国家的人民决定的。我国今天的国家治理体系,是在我国历史传承、文化传统、经济社会发展的基础上长期发展、渐进改进、内生性演化的结果。我国国家治理体系需要改进和完善,但怎么改、怎么完善,我们要有主张、有定力。[②] 这种主张和定力来自对中国具体国情的考察,来自中国特色社会主义的探索和实践,绝非盲目引进他国理论,亦非跟风学习他国实践。

国家治理的情境性和时代性意味着要把马克思主义基本原理同中国具体实际相结合、同中华优秀传统文化相结合,使国家治理具有中国特色、民族特性和时代特征,只有这样才能适应中国基本国情,有效解决中国问题,促进中国发展。同时也意味着,我们从来不排斥任何有利于中国发展进步的他国国家治理经验,而是坚持以我为主、为我所用,去其糟粕、取其精华。[③] 中国国有企业公司治理也应立足中国国有企业具体实际,进行改革、发展和完善,要有自己的主张和定力。这种主张和定力,意味

---

① 周雪光:《"关系产权":产权制度的一个社会学揭示》,《社会学研究》2005 年第 2 期。
② 《习近平谈治国理政》(第一卷),外文出版社,2018,第 105 页。
③ 《习近平谈治国理政》(第三卷),外文出版社,2020,第 123 页。

着国有企业公司治理必须具有中国特色。这种特色就是把党的领导融入公司治理的各环节，把企业党组织内嵌到公司治理结构之中，旨在落实国有企业作为中国特色社会主义重要物质基础和政治基础的基本定位，充分发挥国有企业在党治国理政中的重要作用。

坚持党对国有企业的领导，是深化国有企业改革必须坚守的政治方向。国有企业是中国特色社会主义的重要物质基础和政治基础，是党执政兴国的重要支柱和依靠力量。坚持党的领导、加强党的建设，是我国国有企业的光荣传统，是国有企业的"根"和"魂"，是我国国有企业的独特优势。① 这也就意味着国有企业不仅要保值增值，更要在国家治理中发挥更多作用。如何发挥这些作用？这就要求务必在国有企业公司治理中坚持和加强党的全面领导。现行党规和相关法律均明确党对国有企业（公司）的领导。比如《中国共产党章程》第三十三条规定：国有企业党委（党组）发挥领导作用，把方向、管大局、促落实，依照规定讨论和决定企业重大事项。《国有企业基层组织工作条例》第十五条规定：国有企业重大经营管理事项必须经党委（党组）研究讨论后，再由董事会或者经理层作出决定。2023 年 12 月修订的新《公司法》也明确了党组织在国家出资公司治理中的作用。② 该法第一百七十条规定：国家出资公司中中国共产党的组织，按照《中国共产党章程》的规定发挥领导作用，研究讨论公司重大经营管理事项，支持公司的组织机构依法行使职权。《国有企业基层组织工作条例》第十五条规定的就是国有企业讨论前置制度。这项制度的根本价值就是要加强国有企业党的领导，实现公司治理与党建工作的充分融合。前置研究讨论的事项主要包括：(1)贯彻党中央决策部署和落实国家发展战略的重大举措；(2)企业发展战略、中长期发展规划、重要改革方案；(3)企业资产重组、产权转让、资本运作和大额投资中的原则性方向性问题；(4)企业组织架构设置和调整，重要规章制度的制定和修改；(5)涉及企业安全生产、维护稳定、职工权益、社会责任等方面的重大事项；(6)其他应当由党委（党组）研究讨论的重要事项。国企党委（党组）在讨论前置中

---

① 《习近平谈治国理政》(第二卷)，外文出版社，2018，第175-176页。

② 国家出资公司是指国家出资的国有独资公司、国有资本控股公司，包括国家出资的有限责任公司、股份有限公司。

要把关定向,主要把什么关呢? 在 2019 年 12 月《国有企业基层组织条例》颁布时,中组部专门以答记者问的形式强调了四个方面要求:是否符合党的路线方针政策;是否契合党和国家的战略部署;是否有利于提高企业效益,增强企业竞争实力,实现国有资产保值增值;是否有利于维护社会公众利益和职工群众合法权益。讨论前置的关键在于明确决策程序,划清权责范围。决策的政治影响主要由党委(党组)会来评估;经济效益,由董事会和经理层会议来考量,三个会议分别运用民主集中制、一人一票制与总经理负责制,同时做到审慎和创新,形成最佳决策。讨论前置制度嵌入公司治理,不仅有助于国有企业构建更规范的决策机制,也有助于构建更有针对性的问责机制。具体来说,如果公司重大经营管理事项决策出现政治方面的问题,应当主要追究党委(党组)责任,重点是要问责党委(党组)书记;在党委(党组)书记和行政首长一肩挑的情况下,专职副书记应当承担同等责任。如果出现经营管理效益问题,应主要追究行政班子的责任。显然,国有企业党委(党组)会第一责任是保证国有企业经营活动的政治正确,而不是经济效益最优。

同时,中国特色国有企业公司治理制度还体现在监事会的监督机制上。由于国有企业的董事会成员并非实际意义上的股东代表,董事会在行使公司控制权时可能会违背国家大股东的意志,因而董事会的权力就需要制衡和监督。我国国有企业监事会的存在价值是大股东的国有属性所决定的,董事会和监事会之间是并列关系。实际上,一方面,国有公司形成的新"三会一层"(即党委会、董事会、监事会、经理层)的中国特色国有企业公司治理制度是由国有企业大股东的特殊性以及代理冲突的复杂性决定的。另一方面,这也意味着国有企业公司治理并不排斥任何有利于自身发展的域外公司治理理论和经验。因此,应充分结合中国特定制度和文化背景,借鉴域外公司治理理论框架,构建以党的领导为重大政治原则的中国特色国有企业公司治理理论,不断完善党建工作和公司治理的有机融合,充分体现国有企业公司治理的情境性和时代性。

2.治理领域的整体性与全面性

推进国家治理体系和治理能力现代化,要坚持和完善党的领导和经济、政治、文化、社会、生态文明、军事、外事等方面的制度。国家治理不是零敲碎打式的碎片化修补，更不是浅尝辄止式的应急式处理，而是全方位、多领域、深层次的整体治理。党的十八大以来，我们党领导人民统筹推进的"五位一体"总体布局和"四个全面"战略布局都是国家治理整体性和全面性的体现。国有企业公司治理改革是一项复杂的系统工程，无论是国有企业功能定位和国有经济战略性重组，是推进混合所有制改革和建立以管资本为主的国有资本管理体制，还是进一步完善现代企业制度，这些改革任务都不是孤立的，在具体推进过程中需要注意其整体性和协同性。例如，构建以管资本为主的管理体制，应该与国有经济战略性重组、深化垄断行业国有企业改革相协同。尤其在改组组建国有资本投资运营公司以加强国资监管的过程中，需要采取行政性重组和依托资本市场的兼并重组相结合的手段，将分散的国有资产的产权归为这些国有资本投资、运营的公司持有，同时还需要综合考虑建立有效市场结构的需要而注意产业政策与竞争政策的协同。① 国有企业公司治理还应考虑其涵盖内容之间可能存在的矛盾、冲突及匹配度等问题。国有企业公司治理体系复杂、治理主体繁多，使得各项制度之间难免会出现矛盾和冲突。通过分析这些矛盾和冲突的成因，对这些制度体系进行全局性、整体性的重新审视，探寻实现制度体系改革的结构性、整体性和制衡性的方法，能够最终实现国有企业公司治理体系现代化。

3. 治理方式的系统性与协调性

推进国家治理体系的改革，需要坚持系统观念、注重运用系统思维。实际上，国家治理思想的系统性和协调性以治理主体的多元化为基础，一方面，要求治理主体、治理制度之间要讲究平衡性、稳定性和协同性；另一方面，也意味着多项制度组成的治理体系与对应的治理能力之间是相辅相成的关系，要求这两者相互促进、共同发展和协同完善。加强和完善国有企业公司治理，是国家治理体系和治理能力现代化的重要组成部分。国有企业公司治理也应涉及各项制度和各类能力。为提升国企核心竞争力，推动国企完善现代企业制度，必须大力推进公司治理体系和治理能力现代化。公司治理体系主要关注公司治理的制度设计，公司治理能力主

---

① 黄群慧：《更加重视国企改革的系统性整体性和协同性》，《学习时报》2018 年 8 月 24 日 A2 版。

要关注公司治理的实质功能。公司治理体系和治理能力是一个公司制度体系和制度执行能力的集中体现。公司治理制度既包括国家公权力和国有股权在公司之外自上而下推行的顶层制度设计,也包括公司自身在公司内部自下而上推行的草根制度设计。外生法律制度以公司法为核心,既包括法律,也包括行政法规和部门规章。内生法律制度以公司章程和公司规章制度为核心,既包括公司制定的治理规则,也包括证券交易所与行业协会的自律规则。① 公司治理能力是运用公司制度体系处理与公司治理相关事务的能力。公司治理体系和治理能力现代化就是公司治理相关制度内容科学、程序严密、配套完善,可能有效运行,使得公司治理相关事务的能力逐渐强化的过程。作为治理体系核心内容的制度,能起到根本性、全局性、长远性的作用,但如果没有良好的治理能力,再好的制度体系也难以发挥作用。② 因此,通过对治理体系和治理能力现代化的分析,探讨其具体体现与实现方式,有助于实现国有企业公司治理改革目标。

(二)公司治理在推进国家治理现代化中的功能定位

公司治理成效直接关系到国家治理现代化。公司治理现代化是全面深化企业改革、完善现代企业制度的核心内容,是增强企业核心竞争力的基本要求。推进公司治理体系和治理能力现代化,有利于更好地履行企业社会责任。

1.分权功能

根据国家治理现代化的要求,必须对治理主体进行合理的权力配置。国家治理主要依据的是公共权力,因此权力如何配置、运行、监督以及获得支持,对国家治理现代化具有根本性影响。只有进行明确的权力和职责的分配,才能形成各司其职的良性互动机制。权力配置体制包括横向和纵向两个层面,纵向包括各上下级治理主体之间权力的分配和划分,横

---

① 刘俊海:《全面推进国有企业公司治理体系和治理能力现代化的思考与建议》,《法学论坛》2014 年第 2 期。

② 姜付秀、王莹:《国有企业公司治理改革的逻辑:从国家治理到公司治理》,《经济理论与经济管理》2021 年第 6 期。

向则包括同级不同职能治理主体的权力的分配和制约。① 在权力配置问题上,最关键的是行政权的配置与调整。一般而言,谁拥有资产所有权,谁就拥有剩余控制权。公司治理的首要功能,就是配置剩余控制权。② 不仅如此,公司治理对股东大会、董事会、经理层和监事会规定了清晰的权利边界,在法定和约定的范围内,各自享有相应的权利,履行相应的义务。也就是说,公司治理结构的内部机构相互间既彼此依赖,又相互制衡。具体而言,股东大会是公司的最高权力机构,对公司拥有最终的控制权和决策权;董事会是公司的经营决策机构,对股东大会负责,执行股东大会决议;监事会是公司的监督机构,对股东大会负责,依法对董事会和经理的行为进行监督;经理层是公司决策的执行机构,对董事会负责,在公司章程和董事会授权的范围内行使职权,开展公司的日常经营活动。除了上述这些法定的公司治理主体,大股东、董事长、总会计师等非法定的治理主体实际上也直接或间接参与公司治理事项,需要公司法对这些主体的权力配置进行规范(尤其要规范控制股东的权力内容以遏制其滥用权力),从而解决当下公司治理主体和权力分配相互脱节的问题。

2.监督功能

监督是国家治理现代化的重要环节,缺乏监督的权力必然导致腐败。有效的内外部监督是公司治理发挥有效性的基本前提,是保护利益相关者合法权益的有力手段,也是保障和促进企业规范运行的必要条件。比如公司监事会是平衡董事会、经营层的基本治理主体,加强对战略执行、财务运行、风险管理、内部控制、关联交易等方面的监督,做实监事会对董事、高管的履职考核评价,不断构建以信息权为核心的监督权力体系,更好地控制单位经营管理成本、防控利益风险、增强发展效能。尽管新《公司法》将监事会作为公司的任意设置机构,但公司选择不设置监事会的前

---

① 刘用全:《县域治理法治化建设——基于权力配置和运行角度》,《福州大学学报(哲学社会科学版)》2019 年第 3 期。

② 赵万一:《公司治理法律问题研究》,法律出版社,2004,第 21 页。

提是要设审计委员会。① 审计委员会的设立是对公司治理结构的重大改变，更重要的是，隶属于董事会的审计委员会如何实现对董事会的有效监督，将成为新的课题。

现代国家治理的监督包括政党监督、人民监督、司法监督和舆论监督等，而公司治理中体现出的公司民主是人民监督的重要路径。公司是否落实了国家劳动法律法规及相关政策，是否提供了劳动安全生产条件，是否依法建立了职工代表大会制度，是否履行了职工代表大会通过的各类决议、规章制度及集体合同，企业管理者是否存在违法违纪行为等，职工群众都可以进行监督，并可通过正式议案、来信来访、合理化建议等多种形式，提出意见、建议，或检举、控告。由于监督主体的广泛性、监督对象的直接性、监督方式的多样性以及监督事项的关联性，公司治理的监督功能日趋凸显。

3.协调功能

要推进国家治理体系和治理能力的现代化，必须依靠多元治理主体的共同介入。而多元治理主体的共同介入，必然要求正确协调好多元主体之间的关系。公司治理结构应该具有协调公司股东及其利益相关者之间的利益关系的功能，才能使公司上下齐心协力，共同为实现公司经营目标而奋斗。公司治理中股东大会、董事会、监事会、经理层（国有企业公司治理主体包括党委会或党组会、董事会、监事会和经理层）等各个机构的职能不同，且处于不同层级，只有明确了公司治理结构，明确各个机构所

---

① 2024 年 7 月 1 日施行的新《公司法》第六十九条规定：有限责任公司可以按照公司章程的规定在董事会中设置由董事组成的审计委员会，行使本法规定的监事会的职权，不设监事会或者监事。公司董事会成员中的职工代表可以成为审计委员会成员。第八十三条规定：规模较小或者股东人数较少的有限责任公司，可以不设监事会，设一名监事，行使本法规定的监事会的职权；经全体股东一致同意，也可以不设监事。第一百二十一条规定：股份有限公司可以按照公司章程的规定在董事会中设置由董事组成的审计委员会，行使本法规定的监事会的职权，不设监事会或者监事。审计委员会成员为三名以上，过半数成员不得在公司担任除董事以外的其他职务，且不得与公司存在任何可能影响其独立客观判断的关系。可见，新《公司法》对公司监督制度进行了较大改革，将监事会作为任意设置机构。但刘俊海教授认为，如果要保留监事会的立法安排，可以借鉴德国立法赋予监事会拥有董事任免权、董事报酬决定权、在股东会闭会期间重大决策权、监督权等四大权力；如果不能赋予监事会应有的权力，那么公司应享有决定是否设监事会的自由。参见中国行为法学会企业治理研究专业委员会：《"公司法修改中的公司治理"研讨会成功举办》，http://www.lawcd.net/xuehuiyaowen/9176.html，2023 年 7 月 13 日访问。

处的层级,才能明确各自的职能。公司治理体系具有多元治理主体的特点,有关规制多元主体的各项制度之间难免会存在职能重合或冲突的可能。[①] 对各项职能进行协调,使其相互配合,既能有效避免任务重复的低效行为,也能提高各项职能的执行质效。例如,公司治理结构有利于协调股东与经理人之间的利益关系,这主要是股东通过其所拥有的公司股权在股东大会上行使选举权和表决权进行的。

4. 制衡功能

国家治理强调多元主体的共治格局。国家、政府、社会组织、经济组织、公民等都是参与国家治理的主体。现代治理理论与实践表明,多元主体的有效协作与制衡,是推进国家治理现代化的有效路径。公司治理在本质上要求不同权力主体之间激励、约束相容,也就是通过权力与权力之间互为控制,使得产权外部性达到最小。公司治理的要旨在于明确划分股东(大)会、董事会、监事会、经理层各自的权力、责任和利益三者之间形成制衡关系。规范的公司治理结构就是在股东所有权、董事会经营权、法人财产权三者之间形成既相互分离又相互联系、既相互统一又相互制衡的机制。可见,正是由于公司治理涉及"三会一层"等多个治理主体享有不同的职能和权力,才需要对各治理主体进行有效制衡。通过机制设计,使得各项权力之间进行相互制衡和约束。通过剩余索取权与控制权的配置,解决公司代理问题。能否合理配置剩余索取权和控制权,是判断公司治理结构是否有效的基本标准之一。

5. 发展功能

推进国家治理现代化,需要实现治理与发展的紧密结合。在中国式现代化建设的总体历史进程中,在推进经济、政治、文化、社会和生态文明"五位一体"建设的实践中,需要系统实施和持续创新国家治理。国家治

[①] 职工(代表)大会作为中国特色现代企业制度的题中应有之义,理应是我国公司法人治理结构的主体之一。立法中也会出现职工(代表)大会与公司其他治理主体职权重合的情形。比如,2024年7月1日施行的新《公司法》赋予股东会具有"选举和更换董事、监事"的职权,同时规定职工董事、职工监事由公司职工通过职工(代表)大会或其他形式民主选举产生。按此规定,如果公司股东会更换了某位职工董事或职工监事,但职工(代表)大会继续选举该员工为职工董事或职工监事,从而出现僵局。如何处理这种僵局?新《公司法》对此尚无涉及。

理现代化,需要不断创新治理制度安排,全面改革制约经济社会发展的体制机制,优化政治权力关系,保护公民权利;需要提升政治权力主体与公民权利主体适用国家治理制度实现公共利益、消除矛盾的能力,将制度优势转化为治理效能的能力;需要按照社会主要矛盾和国家治理的主要任务,分阶段建构治理体系、提升治理能力。作为国家治理体系的重要组成部分,公司治理的现代化同样需要治理方式的改革创新。而现代企业治理方式的改革创新,主要源于市场化与全球化致使企业竞争日益加剧,迫使企业不得不注重人本管理,实时调整管理策略,否则将被市场淘汰。公司治理中的企业民主正是适应现代企业从科学管理转向科学与民主管理的发展趋势,有效调动了职工群众的积极性,增强了企业的竞争力。需要指出的是,在公司治理过程中,民主管理权自然会对公司经营管理权形成一定制约,但这种制约不是取代,而是相互承认与适应,会更好地促进公司发展。实践表明,企业民主推进较好的单位,往往人际关系、业务成长等相对也比较好,企业的决策更加精准,管理效率也更高。此外,企业民主管理中的班组管理以及合理化建议等民主管理形式的实施,还将有效发挥职工群众主动性,促进企业高质量发展。

(三)公司治理在推进国家治理现代化中的政治价值

公司治理不仅涵盖公司的内部治理,更是社会政治经济秩序的基础,也是社会治理的重要组成部分。公司法律制度作为公司治理现实的法律表述,对于公司所有权和控制权的种种安排,被掩盖在技术性规则表象之下。正如施密特所揭示的那样:"在具体的政治现实中,不是抽象的'秩序'或规范,而总是某些真实的人类群体和组织统治另外一些人类群体和组织。从政治上讲,道德、法律和经济规则始终呈现出某种具体的政治意义。"①脱离具体的制度嵌入分析而寻求抽象、普遍的理论,便无从理解公司治理所呈现的具体政治价值。当下公司制度所反映的政治—经济协同不断增强,公司治理在国家治理现代化中的政治价值逐渐显现,不仅保障了基层社会治理从国家层面到公司治理的政治延续性,而且有效避免了

---

① 〔德〕卡尔·施密特:《政治的概念》,刘宗坤等译,载刘小枫编《施密特文集》(第1卷),上海人民出版社,2003,第198页。

社会结构多元化背景下动员式与被动式政治参与的弊端。具体而言，其政治价值主要体现在以下方面。

1. 夯实国家治理基础

国家治理在广义上涵盖对国家一切事务的治理，既涵盖从中央到地方再到基层及组织、个体层面的纵向治理，又涵盖政府、市场、社会等领域的横向治理。当社会治理指向具体社会事务治理时，社会治理与基层治理往往就重合为基层社会治理。当代中国，增强市场治理能力与社会治理能力是国家治理现代化的关键内容，而公司正是政府、市场与社会交汇的重要枢纽和基础单元。基于在社会治理体系中的这种独特地位，公司才成为国家治理体系的重要主体和基层社会治理的着力点。公司参与社会治理，既符合自身利益需要，也有助于破解社会治理面临的困局。一方面，公共信息庞杂，需要依托职工群体探查反馈；另一方面，公共事务繁多，需要借助职工力量分担实施。因此，随着公司参与社会治理程度的加深，职工群众在其中的作用将越发凸显。

2. 培育基层治理主体

培育多元协商治理主体是我国基层协商民主独特的政治优势，更是全面深化改革背景下以协商民主推进国家治理现代化的价值所在。公司治理的员工参与就是借鉴了政治民主中缓和社会不同阶层间矛盾的经验而产生，它让工人不再仅仅是一种劳动资源，也成为公司的一员，让他们有公司主人翁的身份地位。经过多年的实践发展，在基层群众自治制度框架下我国已基本形成了较为完善的协商民主与选举民主协同发展的现代化治理格局。其中，作为现代公司治理中的公司民主管理，正是通过基层协商治理的形式，以公司民主与职工参与的特性把广大职工群众吸收到社会治理中来，一方面为全民参与的现代多元基层民主协商治理模式的形成提供了新生力量，另一方面使得公司民主的发展与经济社会的发展相一致，从而达到整合职工利益关系、反映职工利益诉求、化解劳动纠纷等社会治理效能的目的。作为实施公司民主管理的工作机构，公司工会也是基层社会治理的重要主体。

3. 丰富基层治理形式

职工参与公司治理已成为现代公司治理结构改革的重要内容。作为独特的职工民主参与模式,公司治理中体现的公司民主,一方面为基层协商民主赋予了形式多样的比较优势,另一方面也为激活存量民主和发展增量民主提供了广阔的实践空间。具体而言,公司民主在推进国家治理现代化过程中主要体现在公司内部各主体之间矛盾与冲突的处理中。比如在处理劳资纠纷过程中,主要通过公司党政部门或工会组织出面进行协商调解,从而使劳资恳谈会、集体协商等协商治理形式成为深受职工群众认可的矛盾处理方式。经过长期实践和发展,逐渐形成了以职代会为基本形式,以集体协商、厂务公开、职工董监事制度为重要形式,以班组民主管理、合理化建议、劳资恳谈会、意见箱、民主生活会等其他形式为补充的中国特色公司民主管理制度形式。① 公司民主形式的层次性与多样性使基层治理形式更加丰富与多元。以公司及其工会为载体的职工参与社会治理,更有助于培育职工群众的公民意识与公共精神。

4. 拓宽基层治理空间

以基层组织协商为运行渠道的社会治理机制,已经成为解决基层群众实际困难和实现基层社会有效治理的重要手段。作为现代公司治理中的公司民主管理,通过多元主体协商治理的形式,为广大职工群众进行有序政治参与提供了良好的政治条件,为职工群众广泛参与基层社会治理提供了重要的途径。随着职工群众民主参与意识的提高与互联网技术的普及,公司民主管理以其特有的职工参与属性将微观协商与网络协商融入其中。如劳动报酬、工作时间、休息休假、劳动安全卫生和社会保险福利等方面的问题均可成为公司民主管理过程中的协商对象。尤其在新冠疫情防控的特殊时期,作为职工利益代表和职工参与载体的公司工会要主动就调整薪酬、轮岗轮休、缩短工时等问题与经营困难的公司开展网络协商,以稳定工作岗位。可见,发展公司民主,有助于推动基层协商治理领域的关联性,不断拓宽基层治理空间。

5. 规范基层治理秩序

公司中劳动纠纷的处理关系着职工群众的切身利益,往往带有复杂

---

① 李友钟、王仁富:《新时代国家治理现代化视域下的企业民主管理》,《上海师范大学学报(哲学社会科学版)》2021 年第 4 期。

性、敏感性、易于激化等特征。在社会主体日益多元化的背景下，如何有效化解公司内部的各种矛盾，使之适应国家治理现代化的要求，是党和政府所面临和所要解决的重要课题。现代公司治理的重要内容就是通过建立平等开放的职工参与机制和程序科学的协商机制来协调公司内部矛盾和处理职工群众之间的利益冲突，从而以其解决机制的开放性和协商性吸引职工群众参与纠纷处理过程，真正尊重职工群众有序参与管理决策的民主权利。从职工群众诉求出发，公司民主以其独特的民主与参与特性将多元利益主体容纳其中，互相倾听对方的利益主张和诉求，尽可能地使公司内部矛盾在协商中得以解决、在活动中恢复协作。这种解决机制不仅有利于培育基层社会治理的能力，而且有利于充分发挥协商民主的规范性和可操作性，推进基层治理秩序的构建，提升基层社会治理效能，从而增强国家治理现代化的合法性和公信力。

总而言之，在现代国家治理中，充分发挥职工参与公司治理的制度功能，充分彰显职工参与公司治理的政治价值，推动公司治理深入发展，是全心全意依靠工人阶级、保障职工主体地位的具体体现，是落实新发展理念、推动高质量发展的客观需要，是扩大职工有序参与、加强基层民主政治建设的重要途径，是维护职工合法权益、构建和谐劳动关系的有效措施，是强化基层民主建设、实现国家治理现代化的基本要求。

参考文献

一、论著

[1] Peter A. Gourevitch & James Shinn, Political Power and Corporate Control: The New Global Politics of Corporate Governance (Princenton: Princeton University Press, 2007).

[2] John Kotter & James Heskett, Corporate Culture and Performance (New York: The Free Press, 1992).

[3] John T. Dunlop, Industrial Relations Systems (2nd Ed.) (Boston: Harvard Business School Press, 1958).

[4] Jurgen Haberms, The Inclusion of the Other (Cambridge: MIT Press, 1998).

[5] Roberta Romano, Foundations of Corporate Law (Hartford: West Publishing Co., 1999).

[6] Robert A. Dahl, Democracy and Its Critics (New Haven and London: Yale University Press, 1989).

[7] Robert A. Dahl, A Preface to Economic Democracy (Berkeley: University of California Press, 1985).

[8] Robert Axelrod, The Evolution of Cooperation (New York: Basic Books, 1985).

[9] Robert W. Hamilton, The Law of Corporations (Hartford: West Publishing Co., 1996).

[10] Robert W. Hamilton, The Law of Corporations (4th Ed.) (Hartford: West Publishing Co., 1996).

[11]安建：《中华人民共和国公司法解释》，法律出版社，2013。

[12]北泽正启：《修正股份公司法解说》，税务经理协会，1982。

[13]布莱恩·R.柴芬斯：《公司法：理论、结构和运行》，林华伟、魏曼译，法律出版社，2002。

[14]蔡立东：《公司自治论》，北京大学出版社，2006。

[15]陈赤平：《公司治理的契约分析》，中国经济出版社，2006。

[16]褚红军主编《公司诉讼原理与实务》，人民法院出版社，2007。

[17]邓峰：《普通公司法》，中国人民大学出版社，2009。

[18]杜万华主编《最高人民法院公司法司法解释（四）理解与适用》，人民法院出版社，2017。

[19]范健、王建文：《商法学》，法律出版社，2009。

[20]范健：《商法》，高等教育出版社，2002。

[21]弗兰克·伊斯特布鲁克、丹尼尔·费希尔：《公司法的经济学结构》，张建伟、罗培新译，北京大学出版社，2005。

[22]哈贝马斯：《在事实与规范之间》，童世骏译，生活·读书·新知三联书店，2003。

[23]何美欢：《公众公司及其股权证券》（中册），北京大学出版社，1999。

[24]胡果威：《美国公司法》，法律出版社，1999。

[25]加藤良三：《股份公司法》，中央经济社，1984。

[26]江平主编《新编公司法教程》，法律出版社，1994。

[27]江平主编《新编公司法教程》（第二版），法律出版社，2004。

[28]今井宏：《表决权代理行使的劝诱》，商事法务研究室，1971。

[29]今井宏：《股东大会的理论》，有斐阁，1987。

[30]近藤光男：《最新日本公司法》（第7版），梁爽译，法律出版社，2016。

[31]卡尔·拉伦茨：《德国民法通论》（下册），王晓晔等译，法律出版社，2003。

[32]卡罗尔·佩特曼：《参与和民主理论》，陈尧译，上海人民出版社，2006。

[33]柯芳枝：《公司法论》，中国政法大学出版社，2004。

[34]卡尔·科恩：《论民主》，聂崇信、朱秀贤译，商务印书馆，1988。

[35]莱纳·克拉克曼、亨利·汉斯曼等:《公司法剖析:比较与功能的视角》,刘俊海、徐海燕等译,北京大学出版社,2007。

[36]李建伟:《公司诉讼问题研究》,中国政法大学出版社,2008。

[37]李开国:《民法总则研究》,法律出版社,2003。

[38]李维安、徐建等:《从公司治理到国家治理》,江苏人民出版社,2018。

[39]李永军:《民法总论》,法律出版社,2006。

[40]李哲松:《韩国公司法》,吴日焕译,中国政法大学出版社,2000。

[41]李志刚:《股东大会决议问题研究——团体法的视角》,中国法制出版社,2012。

[42]梁慧星:《民法总论》(第二版),法律出版社,2004。

[43]梁慧星:《民商法论丛》(第13卷),法律出版社,2000。

[44]林拓、虞阳:《无声的民主:企业民主与国家治理》,人民出版社,2016。

[45]刘桂清:《公司治理视角中的股东诉讼研究》,中国方正出版社,2005。

[46]刘俊海:《股份有限公司股东权的保护》,法律出版社,1997。

[47]刘俊海:《现代公司法》,法律出版社,2015。

[48]刘俊海:《新公司法的制度创新》,法律出版社,2006。

[49]刘易斯·D.索罗门、阿兰·R.帕儿米特:《公司法》,任志毅、张焱注译,中国方正出版社,2004。

[50]刘渝生:《公司法制之再造——与德国公司法之比较研究》,新学林出版股份有限公司,2005。

[51]罗伯特·A.达尔:《论民主》,李风华译,中国人民大学出版社,2012。

[52]罗伯特·A.达尔:《民主及其批判者》,曹海军、佟德志译,吉林人民出版社,2006。

[53]罗伯特·C.克拉克:《公司法则》,胡平等译,中国工商出版社,1999。

[54]罗伯特·W.汉密尔顿:《公司法》(英文版),法律出版社,1999。

[55]罗伯特·W.汉密尔顿:《公司法概要》,李存捧译,中国社会科学出版社,1999。

[56]罗伯特·W.汉密尔顿:《美国公司法》(第5版),齐东祥等译,法律出版社,2008。

[57]罗豪才、宋功德:《软法亦法——公共治理呼唤软法之治》,法律出版

社,2009。

[58]罗纳德·哈里·科斯:《论生产的制度结构》,盛洪、陈郁译,上海三联
　　书店,1994。

[59]罗纳德·哈里·科斯等:《财产权利与制度变迁:产权学派与新制度
　　学派译文集》,刘守英译,上海三联书店,1991。

[60]罗培新:《公司法的法律经济学研究》,北京大学出版社,2008。

[61]梅慎实:《现代公司治理结构规范运作论》,中国法制出版社,2002。

[62]末永敏和:《现代日本公司法》,金洪玉译,人民法院出版社,2000。

[63]彭春莲:《股东权利救济机制研究——以司法救济为视角》,法律出版
　　社,2010。

[64]前田庸:《公司法入门》,王作全译,北京大学出版社,2012。

[65]钱玉林:《股东大会决议瑕疵研究》,法律出版社,2005。

[66]沈四宝:《最新美国标准公司法》,法律出版社,2006。

[67]施天涛:《公司法论》(第四版),法律出版社,2018。

[68]田中诚二:《公司法详论》(上),劲草书房,1982。

[69]王保树、崔勤之:《中国公司法原理》(第 3 版)),中国社科文献出版
　　社,2006。

[70]王保树:《商事法论集》(第 3 卷),法律出版社,1999。

[71]王保树:《商事法论集》(第 6 卷),法律出版社,2002。

[72]王保树:《中国商事法》,人民法院出版社,2001。

[73]王保树:《最新日本公司法》,于敏、杨东译,法律出版社,2006。

[74]王军:《中国公司法》(第二版),高等教育出版社,2017。

[75]王利明:《民法总则研究》,中国人民大学出版社,2012。

[76]吴建斌、刘惠明、李涛合译:《日本公司法典》,法律出版社,2006。

[77]吴建斌:《日本公司法规范》,法律出版社,2003。

[78]吴建斌:《现代日本商法研究》,人民出版社,2003。

[79]吴建斌:《最新日本公司法》,中国人民大学出版社,2003。

[80]吴宇晖:《经济民主论》,社会科学文献出版社,2013。

[81]《习近平谈治国理政》(第三卷),外文出版社,2020。

[82]《习近平谈治国理政》(第四卷),外文出版社,2022。

[83]《习近平谈治国理政》(第一卷),外文出版社,2018。

[84]《习近平新时代中国特色社会主义思想专题摘编》,中央文献出版社,2023。

[85]享利·汉斯曼:《企业所有权论》,中国政法大学出版社,2001。

[86]谢文哲:《公司法上的纠纷之特殊诉讼机制研究》,法律出版社,2009。

[87]徐亚文:《程序正义论》,山东人民出版社,2004。

[88]薛刚凌:《行政诉权》,华文出版社,1999。

[89]詹姆斯·博曼:《公共协商:多元主义、复杂性与民主》,黄相怀译,中央编译局,2006。

[90]张开平:《英美公司董事法律制度研究》,法律出版社,1998。

[91]张凝:《日本股东大会制度的立法、理论与实践》,法律出版社,2009。

[92]张瑞萍:《公司权力论——公司的本质与行为边界》,社会科学文献出版社,2006。

[93]张雪峨:《股东大会决议效力研究》,法律出版社,2018。

[94]赵万一:《公司治理法律问题研究》,法律出版社,2004。

[95]赵旭东:《公司法学》,高等教育出版社,2015。

[96]周飞舟、谭明智:《当代中国的中央地方关系》,中国社会科学出版社,2014。

[97]周雪光:《中国国家治理的制度逻辑》,生活·读书·新知三联书店,2017。

[98]周友苏:《新公司法论》,法律出版社,2006。

[99]朱锦清:《公司法学》,清华大学出版社,2017。

二、论文

[1] Allan Flanders, "Collective Bargaining: A Theoretical Analysis", British Journal of Industrial Relations 6, no. 1(1968).

[2] Antonin Scalia, "The Rule of Law as a Law of Rules", 56 U. CHI. L. REV. 1175(1989).

[3] Iman Anabtawi, "Some Skepticism about Increasing Shareholder Power", UCLA Law Review 53, no. 564(2006).

[4]Jeffrey N. Gordon，"The Mandatory Structure of Corporate Law"，89 Colum. L. Rev. 1549(1989).

[5]Jonathan R. Macey，"Courts and Corporations：A Comment on Coffee"，89 Colum. L. Rev. 1086(1990).

[6]Julian Javier Garza，"Rethinking Corporate Governance：The Role of Minority Shareholders-A Comparative Study"，31 St. Mary's L. J. 613(2000).

[7] Mark J.，"Loewenstein：Shareholder Derivative Litigation and Corporate Governance"，24 Del. J. Corp. L. 1(1999).

[8]Robert S. Summers，"Evaluating and Improving Legal Processes-A Plea for 'process Values'"，Cornell Law Review 60，no. 1(1974).

[9] Yannis Papadopoulos，"Problems of Democratic Accountability in Network and Multilevel Governance"，European Law Journal 13，no. 4. (2007).

[10]陈醇：《意思形成与意思表示的区别：决议的独立性初探》，《比较法研究》2008 年第 6 期。

[11]丰崎光卫：《股份有限公司法上多数决的滥用》，《法学协会杂志》1940 年第 58 卷第 3 期。

[12]冯均科、丁沛文、董静然：《公司治理结构与内部控制缺陷披露的相关性研究》，《西北大学学报(哲学社会科学版)》2016 年第 3 期。

[13]伏军：《公司投票代理权制度研究》，《西南政法大学学报》2005 年第 4 期。

[14]郭富青：《公司创制章程条款研究》，《比较法研究》2015 年第 2 期。

[15]胡乐明：《深刻把握中国式现代化理论》，《中国社会科学报》2022 年 11 月 28 日第 1 版。

[16]江平：《"默示同意，明示反对"的合法性——郑百文"资产、债务重组方案"分析》，《证券法律评论》2001 年第 1 期。

[17]蒋丽华：《日本股东大会决议之诉的体系与借鉴》，《湖北工程学院学报》2021 年第 5 期。

[18]李建：《基层协商民主推进国家治理现代化发展路径探析》，《理论月刊》2017 年第 9 期。

[19]李友钟、王仁富:《新时代国家治理现代化视域下的企业民主管理》,《上海师范大学学报(哲学社会科学版)》2021年第4期。

[20]林国全:《诉请撤销程序瑕疵之股东会决议》,《月旦法学杂志》2001年第79期。

[21]刘俊海:《弘扬股东民主理念激活股东大会制度》,《董事会》2008年第10期。

[22]刘用全:《县域治理法治化建设——基于权力配置和运行角度》,《福州大学学报(哲学社会科学版)》2019年第3期。

[23]罗培新:《股东会与董事会权利构造论:以合同为进路的分析》,《政治与法律》2016年第2期。

[24]钱玉林:《"资本多数决"与瑕疵股东大会决议的效力——从计算法则的视角观察》,《中国法学》2004年第6期。

[25]钱玉林:《缔约过失责任与诚信原则的适用》,《法律科学》1999年第4期。

[26]钱玉林:《股东大会的改革:英国的经验与未来展望》,《南京大学法律评论》2004年第1期。

[27]钱玉林:《作为裁判法源的公司章程:立法表达与司法实践》,《法商研究》2011年第1期。

[28]瞿静:《论股东大会决议瑕疵诉讼救济制度》,《人民司法》2005年第2期。

[29]石纪虎:《股东大会决议内容瑕疵的法理分析》,《西南政法大学学报》2008年第3期。

[30]石纪虎:《论通讯表决对股东大会修正议案的效力》,《福建论坛(人文社科版)》2011年第6期。

[31]石井照久:《股东大会决议的瑕疵》,《法学协会杂志》1933年第51卷第1期。

[32]汪青松、赵万一:《股份公司内部权力配置的结构性变革——以股东"同质化"假定到"异质化"现实的演进为视角》,《现代法学》2011年第3期。

[33]王保树:《公司法任意性法律规范适用的留意点》,《国家检察官学院

学报》2011 年第 1 期。

[34]王保树:《股份公司组织机构的法的实态考察与立法课题》,《法学研究》1998 年第 2 期。

[35]王仁富:《股东大会决议形成中程序性权利的制度完善》,《华东理工大学学报(社会科学版)》2013 年第 2 期。

[36]吴建斌、赵屹:《"人走股清"纠纷裁判困局》,《董事会》2011 年第 1 期。

[37]吴建斌、赵屹:《公司设限股权转让效力新解》,《南京大学法律评论》2009 年春季卷。

[38]吴建斌:《关于我国公司冲突权利配置效率观的反思与重构》,《南京大学学报:哲学·人文科学·社会科学》2011 年第 2 期。

[39]吴建斌:《合议原则何以取代多数决——公司合同理论本土化迷思解析》,《法学》2011 年第 2 期。

[40]吴建斌:《科斯法律经济学本土化路径重探》,《中国法学》2009 年第 6 期。

[41]吴建斌:《有限公司收购设限股权效力解析》,《社会科学》2009 年第 4 期。

[42]肖和保:《股东提案权制度:美国法的经验与中国法的完善》,《比较法研究》2009 年第 3 期。

[43]谢增毅:《职代会的定位与功能重塑》,《法学研究》2013 年第 3 期。

[44]杨建华:《浅论股东会决议之无效与撤销》,《辅仁法学》1983 年第 2 期。

[45]杨敏华:《比较两岸公司法——股份有限公司股东大会决议之研究》,《法令月刊》2001 年第 52 卷第 7 期。

[46]叶林:《股东会会议决议形成制度》,《法学杂志》2011 年第 10 期。

[47]尹毅、张健:《协商民主与国家治理现代化的关联性:逻辑、演进与路径选择》,《常州大学学报(社会科学版)》2019 年第 5 期。

[48]约翰·德雷泽克:《不同领域的协商民主》,王大林译,《浙江大学学报(人文社会科学版)》2005 年第 3 期。

[49]张青山:《改革开放后中国工会若干问题研究》,博士学位论文,中国人民大学,2004。

[50]张毅、邱鹭风:《论上市公司股东大会表决方式的不足及完善》,《现代管理科学》2004 年第 2 期。

[51]赵心泽:《股东会决议效力的判断标准与判断原则》,《政法论坛》2016年第 34 卷第 1 期。

[52]赵旭东:《公司治理中的控股股东及其法律规制》,《法学研究》2020年第 4 期。

[53]周雪光:《"关系产权":产权制度的一个社会学揭示》,《社会学研究》2005 年第 2 期。

后 记

在研读一些公司法论著之后,我逐渐认识到公司决议效力问题对公司治理效果的重要影响,尤其是作为股份公司决策机构的股东大会在作出决议后,其法律效力如何判断以及瑕疵决议如何救济等问题在理论界尚未引起应有关注,我国公司运行实践以及法院裁判中提炼出的相关理论成果也并不多见,深感研究股东大会决议效力问题的必要性。经过一番思索,我便尝试着围绕股东大会决议效力问题查阅相关文献。几经思考,思路逐渐清晰,尤其围绕该问题申报的相关基金获准立项给了我极大的信心,于是我便萌生了撰写《股东大会决议效力问题研究:兼析公司治理与国家治理的逻辑关系》这本书。

题目确立后,我积极搜集相关文献和案例,对如何判定与矫正股东大会效力瑕疵这一问题不断进行探索和分析,并提出如下命题:股东大会决议是一种团体法律行为,会议程序和决议内容均可造成决议效力上的瑕疵,要有效矫正决议效力瑕疵,必须建立一个完善的救济体系。为论证该命题,本书采用本体论、价值论、控制论的逻辑结构展开研究,解决了"股东大会决议效力影响因素及范围是什么""如何判定股东大会决议效力瑕疵"以及"如何矫正股东大会决议效力瑕疵"等一系列问题。尤其是在当下中国,如何充分彰显公司治理中股东大会决议所蕴含的民主理念,如何把握公司治理在推进国家治理现代化的功能定位与政治价值,对于全面推进中国式现代化具有重要的理论意义和实践价值。但由于专业素养的局限,论证的广度和深度均有待完善。

这本书凝聚着师长及亲朋好友的关心和帮助,感谢他们对本书的成稿给予的指导、鼓励和帮助!感谢浙江大学出版社蔡圆圆编辑提出的一些宝贵修改意见,使得书稿不断充实和完善!感谢浙江红船干部学院的院校领导和同事在书稿写作中给予的关心和支持!

由于水平有限,本书在论证过程中难免会存在不足和疏漏,敬请各位专家与学者批评指正。

王仁富

2024 年 3 月